인간 플랫폼의 시대

네트워크가 나만의 사업이 되는

인간
플랫폼의
시대

배명숙 지음

스노우폭스북스

인간 플랫폼을
먼저 만난 사람들의 말

배명숙 대표는 이 시대의 진정한 플랫폼 전도사다. 항상 밝은 미소와 상대방에 대한 배려로 늘 편안함을 전해주는 관계 지향형 여성 리더다.

– 박천희(원할머니보쌈 대표)

사람과 사람을 연결시키는 데 탁월한 능력이 있는 그녀가 바로 '인간 플랫폼'이다!

– 박형희(한국외식정보 대표이사)

온라인에 페이스북이 있다면 오프라인에는 배명숙이 있다. 인간 배명숙은 『티핑 포인트』에서 말콤 글래드웰이 말하는 '커넥터'의 표본이다! 즉, 인간 상호 간을 이어주는 걸어 다니는 페이스북이다. 커넥터로서의 노하우가 집약된 이 책을 읽으면 당신도 그녀처럼 상대를 편안하게 해주는 매력을 가지고서 순수한 비전을 실천해 나갈 수 있을 것이다.

– 소상우(스트릿츄러스 대표)

배명숙 대표는 언제 어디서나 이목을 집중시키는 사람이다. 그런데 가만히 보면 정작 자신을 드러내는 경우는 많지 않다. 성공적인 프로젝트 뒤에는 그녀가 있지만, 공을 차지하려고 들지는 않는다. 타인의 성공을 자신의 성공이라 여기는 사람이 바로 배명숙이다. 타인을 위하며 다 같이 성공하는 비결이 바로 이 책에 담겨 있다.

– 신용진(제오헤어 대표)

항상 밝은 미소와 넘치는 에너지를 뿜내는 배명숙 대표는 매력적인 플랫폼 사업가다.

– 유재용(와라와라 대표)

그녀를 모르면 외식사업을 하지 마라. 여자 임상옥이라 부를 만한 엄청난 인맥의 소유자와 친구라는 게 기업 대표인 내게는 대단히 큰 행운이다.

– 이재욱(피자알볼로 대표)

그녀를 만나고 나는 인맥과 사업을 연결하는 방법을 터득했다.

– 이정교(로사퍼시픽 대표)

배명숙 대표는 여성으로서 타고난 직감을 바탕으로 비즈니스 각 분야의 본질을 예리하게 꿰뚫고, 논리를 근거로 쉽게 설명해주는 명쾌한 컨설턴트다.

– 이정열(남다른 감자탕 대표)

상대의 직업과 나이를 막론하고 좋은 대화를 이끌어가는 배명숙 대표의 그 깊이감과 순수함은 정말 대단하다. 왜 많은 사람들과 기업들이 그녀를 찾고 좋아하는지 이 책을 읽고 나면 절로 고개가 끄덕여지리라.

– 이효찬(스타 서빙, 『스타 서빙 이효찬, 세상을 서빙하다』 저자)

인간미와 착한 성품은 기본이고 배려와 열정으로 항상 주변의 많은 사람들과 기업들에게 도움을 주는 이 시대의 진정한 인간 플랫폼 배명숙! 창업과 사업 확장에 관심 있는 모든 사람들이 이 책을 일독하기를 권한다.

– 조동민(한국프랜차이즈산업협회장)

배명숙 대표는 자신에게 일어나고 변화하는 일들을 '더 반갑게', '더 기쁘게', '더 감사히' 받아들일 줄 아는 뛰어난 사업가다.

– 최인영(러브펫코리아 대표)

개인적인 문제든 비즈니스 문제든 그녀를 통하면 불가능할 것 같은 어려운 일들이 가능해진다!

– 켈리 최(스시델리 대표)

오랫동안 알아온 배명숙 대표의 모습엔 늘 열정이란 단어가 따라 붙는 듯하다. 언제 어디서나 사람들을 유쾌하게 만드는 남다른 긍정의 에너지도 그녀의 큰 재산이다. 이 책은 그러한 열정과 긍정의 에너지를 독자들에게 전달하는 매개체가 될 것이다.

– 허성필(중앙대학교 인문예술융합 아카데미 '아데니아' 원장)

모두가 힘들어하는 저성장의 그늘에서도 연간 매출액 100억 원을 거뜬히 넘기는 기업인 배명숙. 그녀는 소위 말하는 '흙수저'지만 자신을 주저 없이 '인간 플랫폼'이라고 부르며 성공 비결이 인간관계에서 나왔다고 고백한다. 젊은이들의 등을 떠밀며 사람들 속으로 뛰어들어가 그 중심에 설 것을 주문한다.

– 허용석(삼일회계법인 고문, 전 관세청장)

사람에게는 장점과 단점이 있다. 당연히 단점보다 장점이 많은 사람이 성공할 가능성이 높다. 배명숙 대표는 끊임없이 자신의 단점을 극복하려고 노력하는 사람이다. 이 책에는 그 노력 과정이 생생하게 담겨 있다.

– 홍경호(굽네치킨 대표)

※ 이 책에 나오는 일부 업체명은 독자의 이해를 돕기 위해 기업명이 아닌 대표 브랜드명으로 기술했습니다.

이 책과 마주한 당신은
이미 '인간 플랫폼'이다

모두가 힘들다는 요즘 같은 세상에 외식 매장을 오픈한 지 일 년도 채 안 되어 소위 대박을 터뜨린 사례를 심심치 않게 봤다. 고작 30~40평 매장 하나가 수십 개 매장으로 확장되고 이내 하나의 큰 기업으로 성장하는 것도 봤다. 때론 듣지도 보지도 못한 직종들이 생겨나 하루아침에 유명인사가 된 사람들도 여럿 봤다.

하지만 나는 도전이라는 이름으로 닥쳐온 수많은 어려움을 겪어야 했다. 유독 내게만은 호락호락하지 않은 것 같은 환경이 미웠다. 때론 이 지긋지긋한 세상과 이별할 생각이 들기도 했다. 사람에게 받은 깊은 상처로 어디든 숨고 싶을 때도 많았다. 그러나 감사하게도 그때마다 천운과 같은 행운이 내게 다가와주었다. 오히려 위기는 내 인생의 전환점이 돼주었고, 꼭 필요한 인생의 스승들을 데려다주었다.

사람들이 나를 부르는 호칭 중에 '머니쉐프'라는 이름이 있다. 머니쉐프는 보험설계사 업무를 뛰어넘어 창의적인 업무를 하고 있는 나에게 붙여진 브랜드명이다. 그 속에는 사람과 사람, 사람과 기업, 기업과 기업을 연결하는 매개체로서 활동하고자 하는 나의 역할상이 담겨 있다.

나는 보험설계사로 시작했다. 당시에는 그야말로 무일푼이었다. 그렇다고 지금 내가 자랑할 만큼의 엄청난 돈을 벌었다는 말은 아니다. 하지만 분명한 건, 자신의 환경을 뛰어넘어 이루고 싶은 꿈을 이루는 데 가장 필요한 건 돈이 아니라는 사실이다. 환경이나 자본은 부차적인 것임을 배운 사람이 나 머니쉐프 배명숙이다.

나는 현재 프랜차이즈 기업을 대상으로 여러 비즈니스를 진행 중이다. 보험설계사로 시작한 내 업에 걸맞게 리스크 관리를 기본으로, 기업의 자산인 건물과 차량, 직원을 안정적으로 보호할 수 있는 모든 일을 담당한다. 또한 기업 직원들을 대상으로 CS 교육을 포함한 보상 활용 방법을 정기적으로 교육하고 있다. 한편으로 기업의 신규 매출을 만드는 일도 한다. 기업의 상품 중 온라인에서 판매 가능한 상품을 기획하고 자사 물류를 통한 판매대행으로 인

건비를 줄이고 수입은 더 많아지도록 돕고 있다.

마지막으로, 한국 기업이 보다 넓은 해외시장으로 진출할 수 있도록 하고 있다. 예를 들어 미국의 대형 마트에 입점해 큰 자본을 들이지 않고도 점차적인 사업 확장을 할 수 있게 돕는 일이다. 제도적으로 불안한 동남아로 바로 진출하는 것과 비교해 안정적인 사업을 펼칠 수 있어서 전 세계로 뻗을 수 있는 디딤돌이 되는 일이다. 현재 중앙대학교에서 해외 진출을 위한 미국연수 프로그램도 운영하고 있다.

물론 이 많은 일들이 하루아침에 가능했던 건 아니다. 작은 일들을 하나씩 경험하고 쌓으며 매칭을 통해 얻은 것이라 할 수 있다. 기업가들과 함께 해외연수를 다니며 그들의 시각에서 사업을 보려고 노력했고, 기업가들의 성공담과 실패담을 귀담아들었다. 훌륭한 사람들 사이에서 그들의 시각을 배우고 사업적인 아이디어들을 실제로 적용하는 시뮬레이션을 통해 얻은 결과들이다.

때론 내게 닥친 시련이 너무 힘들어 몇 번이고 그만두고 싶었다.

어느 땐, 내 의지와 상관없이 포기해야 할 일들도 많았다. 하지만 힘든 과정은 성공 앞에 꼭 필요한 일이라는 믿음과, 어쩌면 반드시 필요한 일이라는 확신 덕분에 참고 견딜 수 있었다.

지금은 직업병처럼 식당에서 밥을 먹어도 그 식당의 매출을 올리기 위한 몇 가지 방법들이 떠오르기도 하고, 사업 새내기들과의 대화에서 누구를 만나고 어떻게 해야 장사꾼이 아닌 기업으로 성장하는지에 대한 큰 그림을 이야기해줄 수도 있다. 그리고 그들과의 대화에서 나 또한 많은 것을 배운다.

이 책은 그렇게 얻어낸 실제 사례들과 내 사업철학이 집약된 책이다. 별것 아닌 사례일 수도 있지만 그동안 만났던 사람들에게 배운 것들을 기반으로 시각을 넓히고 사업을 만들어갔던 이야기가 담겨 있다. 나의 이야기를 여러분 자신의 이야기로 만들어가길 바란다.

차례

1장
'폼' 잡지 말고 '인간 플랫폼'을 잡아라

2장
'유니폼'에서 '플랫폼'으로 변신하라

5장
플랫폼의 핵심, 가정이 중심이다

'폼' 잡지 말고
'인간 플랫폼'을 잡아라

세상을 움직이는 사람은 플랫폼을 만드는 사람이다. 더 정확히 말하면 플랫폼을 만들어 그 위에서 사람들이 재미나게 놀게 하면서도 그것이 비즈니스가 되게 만드는 플랫폼 구축자다. 4차 산업혁명 시대, 수많은 직업이 뜨고 지는 이때에 색다른 '듣.보.JOB'도 플랫폼을 통해 태어난 직업이다.

당신은 지금 어떤 '듣.보.JOB'을 준비하고 있는가?

이제는 '듣.보.JOB'이 대세다

'듣보잡'이라는 말이 있다. '듣도 보도 못한 잡것'이라는 뜻의 인터넷 용어다. 상대방을 비하할 때 쓰는 표현이라서 좋은 의미는 아니다. 내가 말하고 싶은 것은 '듣보잡'이 아니라 '듣.보.JOB'이다. 즉 '듣도 보도 못한 JOB'이다. 지금까지 아무도 가져보지 못했던 직업, 세상 사람들은 아직 모르는 직업, 하지만 앞으로의 대세라고 주저 없이 말할 수 있는 직업이다. 이 말을 몇 년 전에 처음 듣고는 반하고 말았다.

내 직업상 사람들과 자주 만나고 소통할 일이 많아 스마트폰은 내 일상과 떼려야 뗄 수 없는 도구다. 그런 내게 몇 년 전, 친구가

'SNS 교육'을 함께 받으러 가자고 했다. 오랜만에 일찍 퇴근해서 가족들과 식사 중이라 아쉽게도 나는 거절할 수밖에 없었다.

"열심히 잘 듣고 괜찮으면 네가 나중에 알려줘"라고 말하고 전화를 마쳤다. 그런데 열 시가 조금 넘어서 친구가 강사를 직접 모시고 우리 집으로 온 게 아닌가! 그것도 세 명의 청강생까지 데리고 말이다. 강사는 카카오스토리 채널 마케팅을 통해 물건을 판매하는 방법을 강의한다고 했다. 그러면서 스스로를 '듣.보JOB'이라고 소개했다. 남들이 듣지도 보지도 못한 일을 하고 있어서 그렇다고 말이다. 그 강사의 이름은 임헌수였다.

임헌수 씨는 전공과 무관하게 온라인 마케팅 회사에 취직을 했다. 그에게 주어진 업무는 카카오톡과 카카오스토리 채널 마케팅을 연구해서 사람들에게 강의하는 일이었다. 맡은 일이라 할 수 없이 시작한 일인데 사람들을 가르치게 됐을 뿐 아니라 급기야 나중에는 책까지 출간한 저자가 됐다.

카카오가 다음커뮤니케이션을 인수·합병하면서 기능키를 많이 추가했고 모바일 자영업자는 이 기능을 제대로 익혀야 장사를 할 수 있는 상황이었다. 하지만 시시각각 변하는 카카오톡의 기능을 배울 수 있는 매뉴얼이 마땅찮았다. 바로 이때 임헌수 씨가 쓴『카카오스토리 채널 마케팅』이 출간됐으니 그야말로 가뭄에 단비였던 셈이다.

그때 카카오톡과 연동된 '옐로우 아이디'라는 것이 처음 등장했다. 자본이 하나도 없는 사람도 판매자가 될 수 있게 만든 기능이었다. 누구라도 동대문으로 가서 마음에 드는 옷을 스마트폰으로 찍어 올리고 구매자를 찾으면 되는 방식이었다. 예를 들어 3만 원짜리 옷이 판매됐다고 가정하면, 판매자가 5,000원을 가지고 옷가게에 2만 5,000원을 지급하는 식이었다.

반가운 건 이런 방식의 SNS 활용으로 어디서든 사고파는 것이 가능한 플랫폼을 누구나 구축할 수 있다는 점이다. 소비자가 물건을 보고 바로 사는 것이 아니라, 판매자가 먼저 사진을 찍어 판매글을 올리고 판매하는 시스템으로 운영하기 때문이다. 스마트폰만 있으면 얼마든지 돈을 벌 수 있는 시스템이 마련됐으니 이것을 홍보하면서 '듣.보.JOB'이라고 한 것이다.

이렇듯 살다보면 생각지도 못한 다양한 곳에 틈새가 있다. 다만 기존 사고방식의 틀 안에서 벗어날 때라야 틈새를 알 수 있다는 어려움은 있다. 하지만 자본금을 모으고 실패의 확률을 끌어안으며 어떤 일을 시작하는 것과 비교하면 이보다 매력적인 일도 없다. 틈새란, 사업과 사업 사이 반드시 존재하는 일종의 특권 아이템과 같다. 사람을 만나고 각자의 생각과 아이디어가 모아져 탄생되기도 하고 누군가 실패한 사례에서 기인되기도 한다. 중요한 건 모두에게 공개되어 있지 않은 이런 비즈니스 공간은 끊임없이 찾고 구하는 사람에게만 주어진다는 것이다. 사업을 해야겠다는 각오에 앞서, 어느 분야를 관찰할 것인가에 대한 고민도 필요하다. 그리고 그 각오에 걸맞은 시간 투자도 필수다.

사실 모든 분야를 막론하고 어느 곳에든 틈새는 있다. 다만 소비자에게 필요한 디테일만 추가하면 바로 자신만의 '듣.보.JOB'이 되는 것이다.

현재 직업 중에는 언제 사라질지 모르는 게 많다. 사회 이슈를 잘 파악하고 앞으로의 변화를 생각해보면 그 안에서 살아남거나 새롭게 만들어질 직업군이 보인다. 대단한 지식이나 특별한 스펙이 필요한 것도 아니다. 오히려 소비 패턴에서 틈새시장을 찾고, 반년만 미치면 백수에서 CEO로 환골탈태할 수 있다. 눈을 크게 뜨고 아이템을 잘 잡아서 깊이 빠지면, 빠르면 삼 개월 늦으면 반년 만에 많은 것이 달라진다. 처음 봤을 때는 흔히 말하는 백수, 백조였던 SNS 교육생들은 몇 개월 후에 모두 사장이 되었고, 지금도 각자 사업을 잘하고 있다. 자본금 없이 집에서 파자마 바람으로 스마트폰 하나 들고 돈을 버는 사람들이 된 것이다.

앞서 소개한 임헌수 씨 역시 처음에는 이렇다 할 명성이 없었다. 아침부터 자정까지 일에 치여 있었고, 그가 들인 노력이나 시간에 비해 턱없이 적은 급여를 받았다. 그럼에도 미래를 위해 투자하고 바쁜 시간을 쪼개 책까지 썼고 불과 몇 달 만에 인생이 바뀌었다. 여기저기 그를 찾는 사람들이 많아졌을 뿐 아니라, 한번 만나달라는 사람들이 넘쳐났다. 지금은 모바일마케팅연구소장으로 지내며 기업 컨설팅과 교육 아카데미를 운영하는 사장님이 되었다.

누가 알았겠는가! 우리 집 앞에서 만난, 그것도 강사라는 타이틀이 무색했던 그 사람이 이렇듯 대단한 성과를 이루게 될지 말이다. 그러니 사람을 만날 때는 기존의 것, 이미 가지고 있는 것을 볼 게 아니라 미래를 내다봐야 한다.

이제 들도 보도 못한 직업, '듣.보.JOB'이 뜨는 시대다. 당신은 지금 백수인가? 당신의 자녀가 현재 백조인가? 당장 스마트폰을 들고 거리로 나서보자. 그리고 무엇이 잘 팔릴지 아이템들을 살피는 일부터 시작해보라. 그리고 반년만 미쳐보라. 그러면 반드시 돈 잘 버는 '사장님'이 될 기회가 찾아온다.

머니쉐프,
인간 플랫폼이 되다

나는 보험설계사로 전업하면서 꼬박 팔 개월 동안 교육을 받았다. 지금도 그렇지만 대부분의 설계사는 상품을 온전히 파악하기도 전에 판매를 시작하기 일쑤다. 그러다 가까운 지인 계약이 모두 소진되는 일 년 전후, 퇴사를 한다. 하지만 나는 반대였다. 교육이나 모임 활동에는 열심히 참여했지만 계약에 공을 들이지는 않았다. 새로 입사해 높은 성과를 내는 동료들이 상을 받고 모두가 큰일을 해낸 듯 칭찬을 주고받는 상황이었으니 이상해 보일 법도 했다.

그러나 내 목표는 보험의 여왕이 아니었다. 보험사 입사 전에 한

일 간 무역 일을 하며 알게 된 보험의 유용성 때문이었다. 나는 주 고객층을 기업가 그리고 사업가로 잡았다. 그래서 고객 배상 및 화재보험, 자동차보험에 이르기까지 포괄적으로 보상받으며 비용을 절감할 수 있는 방법부터 공부했다. 그리고 기업가정신 또한 좋은 기업만을 선정해 컨설팅하는 것을 목표로 삼았다. 실적보다 가치 있는 일을 지속적으로 함께할 수 있는 고객사를 선정하는 데 시간을 투자하기로 마음먹은 것이다. 고객사의 직원들을 교육할 수 있을 만큼 정보를 수집하고, 법적인 부분과 약관도 공부했다. 고객사에 적용할 분야를 정확하게 알려줄 수 있을 만큼의 보험 분석 시스템도 만들었다.

결과적으로 삼 년의 적자를 감수해야 했지만 보험설계사에서 '기업 리스크 코칭' 업체로 성장할 수 있었다. 프랜차이즈 기업만을 타깃으로 삼았기에 같은 일을 하지만 다른 방식으로 시간을 투자했고 결국 일반 재무설계사들과 다른 결과물을 얻을 수 있었다. 시간이 지나며 온라인 사업이 확장된 지금은 더 큰 그림에서 기업 경영 컨설팅을 할 수 있는 기회도 열리고 있다.

고객과 기업의 입장에서 '무엇이 먼저인가'를 생각하고, 내가 하는 일의 가치 기준이 어디 있느냐에 따라 같은 일을 해도 보이는 것과 적용되는 것은 다르다. 바로 그 일에 시간과 비용을 투자했기에 신용을 얻을 수 있었다. 무엇보다 고객사를 선별하며 일할 수 있다는 성취감은 커다란 보람이다.

'머니쉐프'라는 브랜드 이름을 얻고, 이 브랜드를 잘 꾸려가려면 어떻게 해야 할까 고민이 많았다. 그래서 프랜차이즈 산업에 대한 열정과 통찰력을 지닌 분을 생각하다가 한국프랜차이즈산업협회의 조동민 회장님을 떠올렸다. 때마침 다수인이 이용하는 시설의 보험 가입이 의무화되는 법이 재정비되어 관련 정보도 드려야겠다는 생각에 자료를 준비해갔다.

2009년 11월에 부산 국제시장 내 오 층 건물의 이 층에서 일어난 실내 사격장 화재와, 2012년 5월에 부산 부전동 노래주점에서 일어난 화재 등 다중이용업소 화재가 큰 논란이 되고 있을 때였다. 인명 피해를 가져온 이러한 사건 사고가 빈번히 발생하는데도 업주들이 보험 가입을 잘 하지 않아 그 피해는 더욱 컸다. 정부에서는 2013년 2월에 다중이용업소 특별법을 개정해서 화재배상책임보험을 의무적으로 가입하도록 했다. 화재배상책임보험에 가입하지 않으면 과태료를 내도록 한 것이다. 나는 협회장님에게 이 점을 언급하고 회원사들에게 리스크에 어떻게 대비해야 하는지 알려드리려고 했다.

"협회장님, 이런 일이 계속 발생하고 있습니다. 협회장님께서 대외적인 곳에서 언급도 해주시고 회원사에 공고를 발송하셔서 대비할 수 있게 해주십시오. 보험료가 일 년에 1~2만 원밖에 안 되는

데 사망 사건이 일어날 시 1억 원을 보상해줍니다. 그런데도 업주들이 그걸 몰라서 가입하지 않고 있습니다."

이렇게 안내해드렸더니 "자네가 하소" 하시는 것이었다. 물론 그 일을 전국구로 다 하면 좋겠지만 개별적으로 설명해주고 계약하는 것은 어려워 보였다. 활동 경비도 나오지 않는 일이었고, 무엇보다 비영리 단체와 업무 체결을 하는 것에 대해 주변에서 편견을 가질 수 있었다. 그래서 선뜻 하겠다는 대답이 나오지 않았다.

"자네를 삼 년간 지켜봤어. 언제까지 보험설계사를 할 건가? 이 보험을 사업화하게. 기업에 필요한 보험을 연계해보게. 그게 사업이네. 자네가 사업하려는 마인드로 프랜차이즈 업계에 봉사한 것을 알고 있는데 왜 계속 멀찌감치 떨어져 있는가?"

이 말씀을 듣자 단순히 보험 가입을 권유하는 차원이 아니라 이것을 사업화할 수 있겠다는 생각이 들었다. 이런 문제를 알고도 간과하는 것은 리스크 발생을 진취적으로 막지 않는 것이라는 생각도 들었다. 그전까지 한국프랜차이즈산업협회는 비영리 사단법인이었으니 비즈니스 제안을 내가 함부로 해서는 안 된다고 생각했다. 그러나 리스크 교육을 하고, 법안이 바뀌거나 새로운 정보가 생겼을 때도 교육을 무료로 제공한다면 프랜차이즈산업협회 입장에서 매우 유익하겠다는 생각까지는 하지 못했다. 그런데 조동민 협회장님의 말을 듣고는 사업화 가능성을 인식하게 됐다.

협회장님은 사업 구도를 한번 구성해보라고 하셨다. 그래서 회사에 돌아와서 프랜차이즈산업협회와 MOU를 체결하고 '매장 사고 시 발생하는 사고 대응에 대한 실무자교육'을 만들기 시작했다. 그때부터 외식 프랜차이즈 기업들에게 변경되는 정보를 알려주며, 회원사에게 정보 전달을 할 때는 협회에서 공문을 통해 안내해줬다. 머니쉐프의 리스크 관리 제안서를 들고 직접 찾아다니며 고객사를 만들기 시작했다.

사업을 시작하면 삼 년이 지나야 수익구조가 나온다. 나 역시 삼 년 동안 무료로 교육과 홍보를 다녔기에 사업을 유지하며 버티기 힘든 순간이 많았다. 삼 년이 지났을 무렵에야 전문 리스크 관리사로서 체계화된 교육 프로그램을 완성해서 가맹점주와 해당 부서 직원에게 교육을 할 수 있게 됐다.

막상 교육을 진행하다보니 문제가 하나 있었다. 교육을 받아야 할 대상자 중에는 아르바이트생도 있고 매장에서 일하는 사람들도 많다. 현장에 있는 사람들이 교육장에 오려면 대체 인원을 구해놓고 나와야 했다. 현실적으로 교육을 받기 어려운 곳이 무척 많았다.

그런데 이것의 해법이 바로 스마트폰이 될 줄 누가 알았겠는가? 스마트폰만 있으면 접속할 수 있는 유튜브에 강의 내용을 올려서 원하는 직원 모두가 교육을 들을 수 있게 했다. 사고가 났을 때 명확하게 보상을 받고 매장이나 본사가 손실을 입지 않도록, 기존에 가입한 보험과 증권을 분석하고 보완 및 재가입을 제안하게 된다.

보험을 가입하지 않은 곳은 없다. 그럼에도 불구하고 막상 사건이 터졌을 때 별로 도움을 받지 못하는 이유는 제대로 보장 항목을 넣지 않았기 때문이다. 사고가 났을 때 명확히 보상을 받고 매장이나 본사에 타격을 주지 않을 정도의 보험을 가입하게 하고 분석해주는 것이 중요하다. 외식업에 적합한 보장을 넣지 않은 보험에 가입해놓고 보험회사를 욕할 것이 아니라, '어떤 보장에 가입해야 하는지'를 명확히 하고 사고 발생 시 현장 대응과 사고 발생 후 사후 처리까지 완벽하게 해주는 리스크 헷지(risk hedge: 손실 대비책) 프로그램인지 확인해야 한다.

그렇게 머니쉐프는 유튜브에서 회사 이름을 검색하면 외식업 사고 대응 교육을 받을 수 있고, 기업의 리스크도 관리해주는 하나의 브랜드가 되었다. 어떻게 보면 익숙한 보험을 새롭게 만듦으로써 지금의 머니쉐프가 탄생했다.

"왜 사업화하지 않고 멀찌감치 떨어져 있는가?"라는 조동민 회장님의 말 한마디 때문에 나의 사업 방향과 전략이 전환되었다. 말한마디가 가지는 힘은 생각보다 크다. 다른 이에게 쏟는 관심이 사람을 변화시키는 것이다.

프랜차이즈 기업에게 꼭 필요한 서비스를 제공하다

보험설계사로 출발한 머니쉐프는 투자와 기업 컨설팅을 통한 결과물로 불의의 사고 시 경제적 손실을 막아주고 고객 대응 능력 교육까지 하는 리스크 관리 회사로 거듭났다. 머니쉐프는 현재 대형 프랜차이즈 스물두 곳을 고객사로 확보한 사업체로 성장했다. 또한 계열사로 투자와 기업 컨설팅을 통해서 간편식을 기획하고, 온라인에서 대행판매하는 업체인 푸드얍도 함께 경영하고 있다. 푸드얍은 무일푼에서 삼 년 만에 매출 100억 원, 그리고 본사 직원과 자체 물류센터를 확보한 회사로 성장시켰다.

그동안 족히 천 개가 넘는 기업의 기업가를 만나고, 해마다 약 백 개 기업의 기업가와 해외연수를 다니며 그들의 다양한 시각을 배웠다. 업종별로 나름의 기준을 만들고 현상을 보고 비즈니스적 관점에서 평가하는 눈을 키웠다. 이제는 식당에서 밥을 한 끼 먹어도 그 매장의 장단점이 명확히 보인다. 좋은 점을 발견하면 SNS를 통해서 알리고, 단점은 해당 기업 대표에게 개별 메시지로 개선점을 함께 정리해서 보낸다. 해외연수 중에는 관련 직종에 관한 사진 자료와 아이디어를 정리해 보내기도 한다. 리스크뿐만 아니라 전반적인 기업 정보에 대해 공개 정보와 개별 정보를 구분하는 것은 필수다. 이것을 제대로 지켜 홍보할 것은 하고, 단점을 알린다. 피드백을 잘 반영해서 발전하는 조직에는 더욱더 많은 애착을 가지고 지속적인 정보 제공과 소통을 한다.

머니쉐프는 경영 이념이 올바른 회사만을 고객사로 선별해서 관리하고 있다. 우선 리스크 예방이 중요하기 때문에 현장에서 리스크가 발생할 부분을 체크한다. 보험증서와 대조하고 대표들과 충분히 대화해서 알맞은 보장을 점검한다. 그리고 비용을 최소화해서 경비를 절감할 수 있는 솔루션을 제공한다. 경제적인 보상이 따라야 하는 부분은 꼼꼼히 따져 보험으로 보장해주고 비용 대비 효율적인 부분만을 제공한다. 직원과 가맹점주들을 대상으로 예방교육은 물론 사고 후 대처 과정에서 보험 처리와 현장 처리 기준을 구분해 부서별로 교육을 한다. 일 년에 한 번 전체 사고의 종류와 건수를 공유해 통제하도록 한다. 보험계약 또한 보험료와 지급된 보험금을 비교한다. 그 외에 발생한 사고 중 사전에 예방 가능한 것들을 점검해서 내부 직원을 대신해 데이터를 제공해서 업무 효율을 돕는다. 컨설팅 비용을 별도로 받지 않고 보험계약만 하고, 교육비는 실제 강사비만을 받는 것으로 운영하고 있다.

실제 기업을 운영하는 대표들도 일 년에 보험료가 얼마나 들어가고, 사고가 몇 건 일어났으며 가입한 보험으로 얼마의 보상을 받았는지 잘 알지 못한다. 자동차보험, 화재보험, 직원단체보험 등 진행·관리해야 할 건수가 많아질수록 직원들의 업무 시간은 늘어난다. 중복 가입되어 있거나 보장만 필요한 보험에 불필요한 적립금으로 새어나가는 액수도 적지 않다. 또한 법 개정으로 보장 내역이 변경된 것조차 모르는 경우가 다반사다. 그래서 사고가 일어나도 보험 혜택을 받지 못하고 자체 보상을 해준다. 이런 식으로 이익이 줄어들고 있음을 내부에서 눈치채지 못하는 경우도 많다.

특히 외식기업의 9할은 외식업에 꼭 필요한 보장이 빠진 보험에 가입해 있다. 그 사실을 나중에 알고 매장에 책임 전가를 하거나 손해를 보는 경우가 많다. 머니쉐프는 그런 부분들을 분석해서 한눈에 파악하기 쉽게 보여준다. 분석 자료 또한 내부 직원들이 만드는 것이 아니라 객관적 지표로 보고받는 것이라 만족도가 높다.

나만의 플랫폼,
내 인생의 무대가 되다

나는 첫 사업을 일본 유학 시절에 노트북 하나로 시작해서인지 매번 번듯한 사무실도 없이 사업을 시작하곤 했다. 처음에 했던 일본 구매대행 사업은 주문받은 건당 수수료를 받고 구매한 물품을 한국으로 보내주는 업무여서 사무실이 필요 없었다. 물론 근무 시간에도 구애받지 않았다.

두 번째 사업은 한일 무역중개회사로 사무실을 두고 시작하긴 했으나 외부에서 물건을 싣고 전국으로 돌아다니며 대리점을 개설하는 일 년 동안은 차 안이 사무실이었다. 대리점 개설 이후에는 택배 배송만 하는 방식으로 업무가 단순화되면서 사무실이 그다지 필요하지 않았다. 게다가 적정 타이밍에 회사 브랜드를 매각해서 재고 하나 남기지 않고 모두 현금으로 환산하듯 정리했다.

세 번째 사업 또한 재무 컨설팅이 주 업무여서 전국 커피숍이 사무실이었다. 볼펜 한 자루만 있으면 모든 업무를 적어서 기획하고 사인하면 끝나는 업무이나 머니쉐프는 이것을 확장해 사업화하면서부터 사고 시 고객을 응대하는 CS 교육과 더불어 리스크 관리를 해주는 업무를 했다. 주로 기업을 방문해 상담하고 교육해주는 시스템이었다.

2016년 1월에 연매출 4,000억 원의 글로벌 기업인 스시델리가 있는 프랑스와 영국을 가게 됐다. 그곳에서 연매출 500억 원을 올리기 전까지는 본사 사무실도 없이 대표의 집으로 출근해서 미팅을 하고 각국으로 흩어져서 매장 개설에만 집중했다는 놀라운 이야기를 들었다. 스시델리는 현재 프랑스 갤러리아 백화점 근처에 사옥을 매입할 정도로 안정된 회사다. 그런데 영국에 지점을 내서 진출할 때도 자체 매출이 오르면 그때 넓은 사무실을 얻으라며 그저 미팅이 가능한 작은 사무실을 얻어주고 앞으로 좋은 성과를 기대한다는 메시지와 긍정의 에너지만을 주었다고 한다. 스시델리는 유럽 11개국을 비롯해 다른 대륙으로까지 확장했다. 2020년 매출 1조 원을 목표로 경영자가 제시하는 방향에 따라 직원들이 주도적으로 회사를 잘 성장시켜나가고 있다.

사업은 자본이나 보여주기 식의 사무실이 중요하지 않다. 결국 좋은 아이템을 효율적으로 적용해서 성장 및 발전시킬 수 있는 사람이 가장 중요하다. 좋은 아이디어는 누구나 가지고 있다. 그것을 잘 해낼 수 있는 사람들의 연결이 이루어져야 한다. 그리고 그런 인재를 지속적으로 플랫폼 안에 유입하고 확장해나가는 것이 무엇보다 중요하다.

내 인생을 SNS에 생방송하라

플랫폼은 개방되어 있어야 그 목적을 달성할 수 있다. 지나가는 사람들이 아무 때나 들어올 수 있고, 들어와서 원하는 것을 얻어나갈 수 있어야 한다. 인간 플랫폼도 마찬가지다. 늘 사람들과 연결되어 있고, 소통할 수 있어야 한다. 나를 둘러보고 무엇을 가지고 있고 누구와 연결되어 있는지 볼 수 있어야 한다. 그래서 플랫폼 역할을 하고 싶은 사람은 자신을 오픈해야 한다. 스마트폰을 이용해서 자신의 일상을 마치 생방송처럼 SNS에 방송하는 것이 그 방법 중 하나다. 그러면 내 플랫폼을 방문하는 사람들 모두와 실시간으로 소통이 된다.

우리나라 스마트폰 보급률은 2015년 기준 83퍼센트로 컴퓨터 보급률보다 높다. 스마트폰이야말로 가장 많은 사람들이 드나들 수 있는, 세상을 향해 나아가고 세상이 나에게 들어오는 통로다.

그 통로를 어떻게 활용하느냐에 따라서 인생이 달라진다. 스마트폰을 가지고 게임을 하면서 시간을 소비해버릴 수도 있다. 반면 어떤 사람들은 사업에 필요한 일들을 하거나 공부와 관련된 어플리케이션을 이용해 발전의 기회로 이용한다. 스마트폰을 성공한 인생으로 가는 지렛대로 이용하는 것이다.

페이스북, 인스타그램, 블로그, 카페, 카카오스토리 등 스마트폰으로 SNS만 활용해도 나의 근황을 사람들에게 알리고 사람들을 내 쪽으로 끌어당길 수 있다. 매일 밖에 나가서 누군가를 만나지 않아도 인맥이 넓어지고, 나를 찾는 사람들이 많아진다. 상품이나 서비스를 판매할 때도 고객들이 알아서 찾아온다. SNS가 사람과 사람, 사람과 제품, 사람과 서비스, 기업과 기업 등 모든 것들을 연결시켜주는 플랫폼이 되기 때문이다. 나에게 있어 스마트폰과 플랫폼은 서로 일맥상통하는 것이다.

스마트폰으로 세상과 소통하고 싶다면 우선 SNS에 내가 어떻게 살고 있는지를 일기 쓰듯 올려보자. 글을 올릴 때는 여러 사람들이 보기 때문에 나만 아니라 함께 있었던 사람들의 추억도 되는 새로운 콘텐츠로 만들어야 한다. 친구와 함께 식당에 다녀왔으면 음식 사진을 먹음직스럽게 올리고, 함께 간 친구가 맛있는 곳을 알려주어서 고마웠다는 인사를 잊지 않도록 한다. 그러면 글 하나로 나와 친구, 식당 주인까지 기분이 좋아지고 정보를 널리 알릴 수도 있다.

물론 자연스럽게 내가 하고 있는 일과 판매하는 제품 혹은 서비스가 드러나게 해야 한다. 글을 올리면 마케팅과 홍보가 자연스럽게 된다. 내 블로그나 페이스북, 카카오스토리, 인스타그램을 보는 사람들은 내가 어떤 비즈니스를 하고 어떤 마음으로 사는지, 누구와 연계되어 있는지 한눈에 볼 수 있다. 내가 하는 비즈니스와 관련된 일을 하는 사람들에게 굳이 떠들고 다니지 않아도 된다.

이렇게 자신을 노출시키면 사람들이 검색을 할 때마다 자동으로 노출된다. SNS 활동을 꾸준히 하면 어느 순간 인지도가 올라간다. 알아보는 사람이 많아지고 일부러 찾아보는 사람들이 많아질수록 인지도는 기하급수적으로 높아진다. 이제는 내가 행사장에 가거나 강연을 가면 많은 사람들이 SNS로 접한 소식을 매개로 인사를 건넨다.

"저, 대표님과 페친입니다."

"지난번에 미국 방문 길에 올려주신 글이 제게 많은 도움이 되었습니다."

"이번에 유럽 다녀오셨더라고요. 유럽에서 만난 켈리 대표님 어떻게 알게 되셨어요?"

"그 대표님 저도 알아요. 그런데 배 대표님 페이스북 보고 그분 회사가 거기에 있는지 알게 됐어요. 정말 반갑더라고요."

마치 친구들과 이야기하듯 처음 보는 사람들과도 공통 화제를 나눈다. 그래서 SNS의 힘이 얼마나 큰지를 알게 되었다. 그분들은 소식을 들었다며 고마워하는 데서 더 나아가 내가 알고 있는 사람들과 친해지고 싶어서 나에게 많은 정보를 묻곤 한다.

사생활을 침해받고 싶지 않아서 인터넷 공간에 자신을 오픈하지 않을 수도 있다. 하지만 자신을 널리 알리고 싶다면 SNS에 사생활을 올리는 것을 불편하게 생각하지 않아야 한다. 헤어진 옛 연인이나 악연, 만나고 싶지 않거나 만나서는 안 될 사람이 있어도 마찬가지다. 그들을 차단시킬 수도 있고, 유해 사이트는 신고하거나 삭제할 수도 있다. 인터넷 공간에서도 얼마든지 자신의 인간관계를 관리할 수 있다.

나는 인터넷 공간에 모든 것을 오픈했기 때문에 사람들은 내가 어디를 다녀오는지, 누구를 만나는지, 어떤 취향인지, 생활수준이 어떤지 모두 다 알고 있다. 나와 나의 사업에 관심이 있는 사람들은 누구나 친구신청을 하거나 글을 남길 수 있다. 채팅 기능을 이용하면 굳이 시간과 돈을 들여서 카페를 찾아가지 않아도 얼마든지 대화를 나눌 수 있다. 나가서 사람들을 만날 시간이 없는 바쁜 사람들에게도 SNS는 유리한 공간이다. 물론 공개하기 싫은 개인사만 피해서 한다면 말이다.

SNS를 하는 것은 사업을 위해서도 굉장히 중요하다. 혼자 열심히 일하면 일하는 만큼의 성과는 있다. 하지만 따로 광고를 하지 않는 이상 회사 홍보가 되지 않는다. 그런데 SNS를 하면 나와 내 사업, 내 지인들의 사업까지 홍보가 된다. 일석삼조는 물론이고,

페이스북을 타고 인맥이 넓어지고 연관된 사람들과 그들의 사업까지 홍보가 되는 셈이라 일석오조쯤 될 것 같다.

회사 창립 초기에는 정말 열심히 일했음에도 불구하고 아무도 알아주지 않았다. 기업에 가서 신입사원들을 교육하고 기업의 리스크 관리에 대해 많은 곳에서 강의를 해도 듣는 사람들만 알 뿐 시너지 효과가 없었다. 처음 교육을 시작했을 때는 강의료가 시간당 얼마 되지 않았고, 때에 따라 무료로 해주기도 했다. 그래도 현장의 소리를 듣고 강의 수준을 업그레이드하고 싶다는 생각으로 교육을 시작했다. 나중에 큰 무대에서 강연을 할 기회가 온다면 실수하지 않고 더 많은 것을 알려주고 싶었기 때문이다.

나는 SNS에 강연한 내용을 올렸고, 점점 노출 빈도가 올라가면서 실제적으로 비용을 절감하고 사고를 예방하는 기업들이 늘어났다. 그러자 나는 '회사 운영을 위해서라도 이 정도 강의료는 받아야 하지 않나?' 하는 생각으로 강의료를 올려보기로 했다. 한번은 강연을 요청하는 기업에 강의료를 "시간당 100만 원입니다"라고 했다. 그저 희망 사항을 말한 것이었는데 더 이상의 언급 없이 "차는 우리 쪽에서 보내드려야 하나요, 아니면 강사님 차로 오시나요?" 하고 물어보는 것이었다. 그래서 "서울은 제가 가고요, 지방은 별도 처리해주셔야 해요"라고 대답했다. 그야말로 꿈같은 일이 벌어졌고, 이 모든 것들이 SNS에서 비롯되었다.

SNS에서 폭발적인 반응을 얻은 결정적 계기는 우연히 찾아왔다. 여러 곳에 강연을 다니던 중 2015년 1월에 마카오 정부 초청으로 마카오에서 강의를 하게 되었다. 요청받은 강의 주제는 '한국 프랜차이즈 브랜드 베스트 10 소개'였다. 최고경영자과정을 다니면서 알게 된 기업과 기업인은 많았지만 우리나라 대표 프랜차이즈 기업을 소개하는 만큼 객관성이 있어야 했다. 따라서 나름의 기준을 가지고 열 개 기업을 자체 선정했다. 나는 우리나라 천여 명의 외식 프랜차이즈 대표이사를 알고, 약 백 개 브랜드 대표이사와 소통을 한다. 그중에서 열 개를 선정해야 하는 것이었다. 열 개 기업을 선택한 기준은 크게 세 가지였다.

첫 번째, 기업 대표이사가 장삿속이 아닌 기업가정신을 가지고 있어야 한다. 소개할 회사가 존속되고 앞으로도 잘되어야 소개해 준 입장에서도 뿌듯하기 때문이다.

두 번째, 회사 브랜드에 아이덴티티(identity)가 있어야 한다. 브랜드에 유행을 타지 않고 꾸준히 지속될 아이템이 있어야 했다. 경영을 잘하는 것도 중요하지만 브랜드의 퀄리티와 연속성이 없고 대표이사가 사업을 잘하겠다는 기본 자세가 없으면 치고 빠지는 형태의 장사가 되고 만다.

세 번째, 재무구조가 확실한 기업이어야 한다. 프랜차이즈 기업들을 들여다보면 의외로 속빈 강정인 기업이 있다. 잘나가는 브랜드처럼 보여도 본사는 적자를 내는 기업이 적지 않다. 기업 대표가 밖으로 보이는 것들만 신경 쓰면서 내실을 기하지 않고 경영 미숙

인간 플랫폼의 시대

인 곳도 있다.

　적어도 위의 세 가지 조건을 갖추고 해외 진출까지도 가능한 경영 이념을 가진 회사만을 머니쉐프의 고객사로 만들었다. 이렇게 자체 검증한 제대로 된 기업들이어야 당당하게 외부에 소개해줄 수 있다. 힘들게 소통하고 자료를 주고 리스크 관리를 위해 노력했는데 회사가 없어지면 나에게 무슨 의미가 있겠는가?

　이렇게 나름대로의 기준을 가지고 열 개 브랜드를 큐레이션해서 마카오로 갔다. 마카오 정부에서 강의를 부탁할 때 외식프랜차이즈협회 사람들이 모여서 듣는다기에 삼십 명 내지 오십 명 정도의 청중을 예상했다. 그런데 도착해서 강연장을 보니 이백 석이 훨씬 넘는 대형 강연장이었다. 정부 인사와 기업인 몇 명을 모시고 하는 강의인 줄 알았더니 대형 강연이었던 것이다. 갑자기 겁이 덜컥 나고 걱정이 되어서 페이스북에 "마카오 도착했다. 아~ 나 내일 잘할 수 있을까?"라고 써 올렸다.

　다음 날 열 개 브랜드를 주제로 강연을 하고 나서 페이스북에 접속한 순간 정말 깜짝 놀랐다. 정신을 차릴 수 없을 정도의 속도로 친구신청이 들어왔다. 실시간으로 쏟아져 들어오는 친구신청 때문에 다른 일을 할 수 없을 정도였다. 강연 전날까지만 해도 페이스북 친구가 천 명이었는데, 일주일 사이에 오천 명 정원이 넘칠 지경이었다. 프로필 사진에는 '좋아요'가 칠백 개로 늘어났다. '좋아요'를 누른 사람이 칠백 명이면 이 글을 본 사람은 도대체 몇 명이나 될까 하는 생각이 들었다. 강연에 소개한 브랜드도 따로 정리해 페이스북에 올렸는데 그 브랜드 소개에도 '좋아요'가 사백여 개씩 올라왔다. 그래서 열 개 브랜드 소개에 '좋아요'가 많은 콘텐츠는 캡처해서 해당 브랜드 대표들에게 보냈다.

"제가 마카오에 와서 한국 프랜차이즈를 하고자 하는 분들에게 대표님 브랜드에 대해 강의를 했는데 사람들이 '좋아요'를 이렇게 많이 눌러주었어요."

이런 메시지와 함께 보냈더니 대표님들로부터 식사라도 하자는 요청이 밀려들었다. 자신들도 브랜드 홍보를 위해 회사에서 자체적으로 SNS를 운영하는데, 내가 훨씬 많은 '좋아요'를 받으니까 브랜드 내용을 잘 홍보해주어서 고맙다는 것이었다. 광고나 홍보를 해도 그 정도 효과가 나오지 않는데 개인 페이스북이 그렇게 폭발적인 반응을 얻었다는 사실은 머니쉐프의 콘텐츠가 제대로 터졌음을 증명하는 것이었다.

스스로도 '실제로 이런 일이 생기는구나' 하며 놀랐고, 그때부터 SNS 마케팅을 한 단계 업그레이드했다. '아, 이제부터는 페이스북에 올리는 글을 더 잘 써야겠다' 하는 생각이 들어서 글과 사진을 일목요연하게 정리해서 쓰기 시작했다.

페이스북을 잘 활용하면 퍼스널 브랜딩을 완성할 수 있고, 무자본으로 사업을 할 수도 있으며, SNS로 고객을 만날 수도 있다. 그러니 반드시 유용하게 활용해야 한다. 어떤 사람은 페이스북을 하면 예전에 알았던 사람들, 예전에 헤어진 사람들이 다 몰릴까봐 걱정한다. 설사 그렇다 해도 차단하면 된다. 차단하는 장치가 굉장히 잘되어 있다. 과거 애인 한 명이 추천친구에 떴다고 심장 떨려서 못할 것 없다. 나는 페이스북을 활용해서 보험계약도 하고 컨설팅 의뢰도 받으며, 중앙대학교 글로벌 외식산업 최고경영자과정(이하 GFMP) 수강생도 모집했다.

페이스북을 활용하면서 가장 좋았던 것은 해외에 나갔을 때다. 영국에 가서 "영국에 도착했습니다" 하고 소식을 올리면 현지에 있는 친구들이 서로 자신이 운영하는 매장으로 오라고 메시지를 보낸다. 물론 페친일 뿐 일면식도 없는 사람들이다. 초대를 한 대표님의 매장에서 번개 모임을 하겠다고 SNS에 올린다. "○○○ 대표님 가게에서 번개할 건데 오실 분 오세요" 하면 올 수 있는 사람들이 모인다. 그렇게 해서 해외에 아는 사람들이 많이 생겼다. 미국에서도 마찬가지다. 해외에서 열리는 모임에 가보면 신분이 명확하고 서로 업무가 관련된 사람들이 많다. 그래서 11개국으로 지인들이 계속 확산되고, 이들이 서로 비즈니스로 연계되었다. 이것이 플랫폼이다. 스마트폰, 소셜 네트워크, 플랫폼은 서로 뗄 수 없는 관계다.

SNS 중에서는 아직도 페이스북이 최강자다. 물론 페이스북 게시물도 자세히 읽어보면 광고가 많다. 돈을 줘야 하는 것도 있고, 돈이 필요 없는 것도 있다. 상업성 글이든 아니든 결국 나와 연계

된 사업 이야기를 하고 싶게 만들어놓았다. 타임라인을 살펴보고 잘 활용하면 된다.

SNS에서는 인맥 관리를 하는 것도 쉽고 편하다. 내가 어떤 글을 읽고 '좋아요'를 눌러주면 그 사람도 나의 글을 읽고 '좋아요'를 눌러준다. 이것이 바로 인맥 관리다. 굳이 오프라인에서 시간 들여가며 만나서 티타임을 갖고 식사하지 않아도 된다. 주변인들과 근황을 나누고 고객사 관리를 할 때도 SNS를 이용한다. 화장실에서 볼일을 보거나 엘리베이터를 타고 이동하는 시간에 일이 분 정도 들여다보고 '좋아요' 몇 번 눌러주는 것이 뭐 그리 어렵고 힘든 일인가? 아침에 출근하면서 지하철이나 버스에서, 저녁때 퇴근하는 차 안에서 잠깐씩 들여다보면서 공감 가는 글에 '좋아요' 누르는 것은 결코 힘든 일이 아니다. 마음만 있으면 누구나 시간 부족을 탓하지 않고 할 수 있다. 그리고 잠자리에 들기 전에 감사 편지를 쓰거나 풍경 사진을 올리거나 그날 생각을 정리해서 올린다. 그것을 보고 공감을 느끼는 사람들이 있기 때문에 팬층이 생겼다.

온라인이든 오프라인이든 인맥 관리 방식은 똑같다. 안부 전화가 '좋아요'이고, 차 마시는 것이 '댓글'이고, 관심사를 기반으로 친구를 맞이하는 것이 '친구신청'이다. 물론 홍보나 광고도 할 수도 있다. "○○기업이 중국에 진출했구나", "○○식당 개업했구나" 하는 소식이 모두 SNS를 통해 퍼진다. 페이스북이든 인스타그램이든 알 수 있는 사람이 뜨면 살펴보고 친구신청을 해보자. 방송 일을 하는 누군가를 알고 싶으면 방송 쪽 사람에게 친구신청을 한다. 친구하고 싶은 사람이 있으면 친구추가를 하고 아닌 사람들은 넘겨버리거나 삭제 혹은 거부하면 된다. 단, 해킹당하지 않게 외국인 친구의 친구신청은 조심해야 한다.

이렇게 잘 관리하는 데 드는 시간은 하루에 십 분씩, 세 번이면 충분하다. 이런 식으로 많은 사람들을 만날 수 있고 인맥 관리가 충분히 된다. 때문에 무조건 SNS를 하라고 추천한다. 나는 누구보다도 SNS를 잘 활용하는 사람 중 하나다. SNS를 하는 것은 어렵지 않다. 남녀노소, 연령 불문 누구나 할 수 있다. 연세 드신 분들도 군이 모임에 나갈 필요 없이 밴드나 페이스북에 소식을 올리고 활동하면 된다.

아직 SNS를 하지 않는다면, 조언컨대 지금 당장 SNS 계정부터 만들어라. 어느 순간 엄청난 플랫폼이 만들어지고, 당신의 인생과 관심사가 바뀔 것이다.

인간 플랫폼의 기본은 남이 잘될 수 있도록 해주는 것

한국계 글로벌 기업가들 중에는 규모로 볼 때는 큰 의미가 없지만 모국이라는 이유로 한국에 브랜드를 런칭하고 싶어 하는 경우가 있다. 그들에게 한국의 프랜차이즈 브랜드가 얼마나 잘 만들어져서 유지되고 있는지를 보여주고 싶은 마음에 한국 기업들 몇 곳을 함께 투어한 적이 있다.

이는 글로벌 기업가들에게 있어서는 한국 시장 진출 전에 한국 기업가들을 통해 체크해보고 싶은 것들을 살펴보고, 한국 기업가들에게는 해외 진출에 관한 다양한 시각을 배우는 자리가 되었다. 나는 중간에서 연결 고리 역할을 한 덕분에 기업가들을 선별해서 미국의 여러 도시를 돌아봤다. 그들과 함께하면서 다양한 시각과 경영 노하우를 비롯한 사업 스토리를 알게 되었다. 이를 기반으로 미국 연수 코스를 만들었다.

미국을 기반으로 한 글로벌 기업인 스노우폭스에서 한국 시장 진출을 본격적으로 준비하고 있을 때였다. 스노우폭스 1호 매장이 정식 오픈하기 전날에 열리는 파티에 내 지인들 스무 명을 초대해 달라는 부탁을 받고, 파티에 참석해서 조언을 해줄 수 있는 분들을 초대하게 되었다. 스노우폭스 김승호 회장님에게 도움이 되고 싶은 마음에 한국 외식산업과 관련해서 조언을 해줄 수 있는 사람들도 초대했다. 브랜드 이미지에 대한 조언이 오고 가던 중 중앙대학교 권창심 교수님이 김 회장님을 멘토 교수로 초빙해서 글로벌 외식산업 전문가과정을 만들고 싶다고 제안을 하셨다. 이렇게 해서 GFMP가 만들어졌다. 하나의 과정이 만들어지기까지는 많은 절차가 필요하다. 권 교수님은 그동안 이 과정을 만들고자 초안을 짜면서 멘토 교수 초빙을 고민하셨다. 한국 사업가들에게 글로벌 사업가의 마인드와 노하우를 재능기부할 수 있는 김 회장님을 이렇게 소개했다. 그러면서 미국 연수 프로그램을 구성한 내가 합류해 한순간에 과정이 만들어졌다.

문제는 이제 막 만들어진 과정에, 그것도 정식 카탈로그가 만들어진 지 보름 만에 최소 서른 명을 모집해야 정식으로 과정을 시작할 수 있다는 것이었다. 그때까지만 해도 김 회장님은 한국에서 인지도가 그리 높지 않았다. 게다가 중앙대학교에서 마케팅 비용을 따로 책정하지 않았기에 난감했다. 그때 김 회장님이 직접 홍보 강연을 하면 사람이 모이지 않겠냐는 제안을 하셨다. 나는 친한 대표님들에게 전화해서 우선 홍보 강연에 초대를 했다. 그렇게 해서 결국 학교에서 목표했던 인원 서른 명을 초과해서 개강하게 되었다. 그동안 맺어온 인맥 관계가 플랫폼 역할을 잘 해내 좋은 과정 하나가 만들어졌다.

이후 김 회장님이 페이스북에 올린 공정거래 서비스 안내문이 퍼지기 시작하면서 인지도가 급격히 높아졌다. 덕분에 GFMP 2기는 면접을 통해서 합격한 사람들만 입학하게 되었고, 3기부터는 치열한 경쟁을 뚫고 입학하게 되었다. 서로에게 도움이 되고자 하는 나의 바람에서 만든 소소한 자리를 통해 좋은 과정이 만들어지고, 대학교가 기업가들을 만날 수 있는 장소가 되었다는 게 놀랍다. 그 과정에서 나는 교수가 되었고, 잘하는 일과 좋아하는 일을 함께하는 최고의 수혜를 얻었다.

인간 플랫폼의 기본은 남이 잘될 수 있도록 해주는 것이다. 부족한 부분을 채워줄 사람을 소개하고, 비즈니스 구조를 잘 이해하고 최대 효과를 낼 수 있는 사람을 소개시켜주기만 해도 그 속에서 배우며 성장하게 된다.

그렇게 만들어진 과정이어서 그런지 모이는 사람들도 본인이 가진 것들을 서로에게 베풀고 존중하는 문화가 자연스레 자리 잡았다. 서로에게 더 많이 베풀려는 문화를 바탕으로 때론 형제가 되어주고 비즈니스 자문도 해주는 관계가 되었다.

그리고 이 프로그램을 통해서 기업인들은 이윤 목표를 넘어 사회사업가적인 마인드를 갖게 되었다. 기업가정신을 공부하고 실천하기 위해 자기 목표를 바로 세웠다. 미국 휴스턴까지 방문해서 김 회장님의 생활과 기업경영을 보고 배우는 기업가들이 늘어나면서 이 프로그램은 뿌듯함을 넘어 자부심으로 자리 잡은 또 하나의 플랫폼이 되고 있다.

당신과 같은 곳을 바라보는 사람과 함께하라

머니쉐프 사업 초기, 시행착오 끝에 해야 할 일과 나아갈 길을 확실히 정한 뒤에는 함께 회사를 키워갈 사람이 필요했다. 그때 보험설계사를 하겠다며 마흔 정도 돼 보이는 주부가 찾아왔다. 보험설계사 경력이 전혀 없는 분이었다. 고객에게 코치 역할을 하면서 '갑'의 입장에서 일을 하고 싶다고 했다. 나는 '바로 이 사람이다' 싶었다. 인성도 좋아 보이고 꿈과 비전이 명확해서 그녀를 고용하기로 마음먹었다.

"우리 회사는 기업을 대상으로 CS 교육을 동반한 보험 컨설팅을 합니다. 기업이 우리에게 보험 가입을 할 때 보험 분석과 관리를 해주셔야 합니다. 그러면 당신은 갑의 입장에서 경제적 보상과 실제적 대응 능력을 발휘하는 컨설턴트로 일할 수 있을 겁니다"라고 말한 후에 일을 시작했다. 그런데 입사하자마자 영업은 하지 않고 공부만 미친 듯이 하는 게 아닌가? 지금 생각해보면 전문가로 인정받고 싶어서 기초공사를 철저히 한 것 같다.

그녀는 경험이 없던 일을 시작한 탓에 예상했던 것보다 업무 습득이 느렸다. 업무를 몰라서 배우는 수준을 넘어서 실수를 하고 내가 수습해야 하는 일까지 만들었다. 실수가 있으면 고객사에 누가 되기 때문에 마무리를 짓기 위해 둘이서 새벽까지 일을 하는 경우도 발생하곤 했다. 그런 일이 반복되자 '이 사람을 해고해야 하는 건가?' 하는 생각이 하루에도 열두 번씩 들었다. 다른 팀원들도 술렁이기 시작했다. 근무 시간에 자녀들과 길게 통화하고, 경력직 직원들이 예정된 시간에 일을 다 마쳐도 퇴근할 수 없는 경우도 생겼다. 그녀가 만든 사고 수습을 위해 밤늦게까지 했던 일을 다시 하는 상황이 발생했기 때문이다.

결국 일 잘하는 직원이 나서서 그녀를 해고하지 않으면 자신이 나가겠다고 하는 일까지 일어났다. 그는 업무 능력은 탁월했지만 '나와 같은 방향을 바라보며 일하는 직원'은 아니었다. 나와 함께 이 브랜드를 살려가려는 의지가 없다고 판단했다. 결국 그 직원이 회사를 그만뒀다. 하는 수 없이 급여를 더 많이 주고 일 잘하는 새로운 직원을 구해야만 했다. 그런데 이 친구도 삼 개월 만에 더 이상 못하겠다고 하는 게 아닌가. 문제의 직원이 업무가 미숙할 뿐만 아니라 업무 시간에 아이들과 통화를 하는 등 산만해 좁은 공간에서 일에 집중하지 못하겠다는 것이었다. 결국 이 사람도 일을 그만두었다.

누가 봐도 그녀를 해고해야 하는 상황이었지만 나는 그때 딱 하나만 봤다. '실수를 하더라도 늦더라도 나와 같은 목표를 가지고 같은 그림을 그리는 사람과 함께 가자'는 것이었다. 일을 잘한다고 연봉 협상을 하면서 자기 환경에 맞춰달라고 하는 사람은 어디에 가더라도 자기 몸값만큼 일을 하고 쉽게 그만두기 마련이다.

그러는 사이에 반년이 지나고 그녀는 그만둔 직원들이 했던 업무를 모두 익히고 자녀들도 엄마의 직장 생활에 익숙해져서 업무 시간 통화도 줄어들었다. 지금도 가끔씩 실수를 하지만 그 실수를 혼자 찾아내서 처리할 만큼 노하우도 생겼다. 그때는 그녀가 아침에 아이들을 학교에 보내고 열 시쯤 출근해서 자신의 업무 패턴에 맞춰서 영업을 할 때였다. 그래서 다른 직원보다 급여를 적게 줄 수밖에 없었다. 어느덧 팔 개월 차가 되었을 때 드디어 제대로 된 급여를 주기 시작했다. 그리고 나는 "오늘부터 직원이 아닌 파트너로 생각하겠습니다"라고 말했다.

사실 그녀와는 처음부터 파트너라는 생각으로 시작했다. 나의 최종 목표는 프랜차이즈 기업을 서포트하는 다양한 브랜드를 많이 만들어서 그룹을 만드는 것이다. 그러려면 그녀가 머니쉐프를 혼자 운영할 수 있을 정도의 자질을 갖추어야만 했다. 도를 닦는 기분으로 팔 개월을 보내고 나자 그녀는 자기 위치를 잡았고, 삼년 차가 된 지금은 총괄 업무를 보고 있다. 덕분에 회사를 크게 성장시키는 일에만 매진할 수 있다.

'실수하면서 민폐를 끼치는 유부녀'라는 핸디캡에도 불구하고 나와 같은 목표를 가지고 한 방향을 바라본다는 점만 보고 그녀를 파트너로 인정했다. 특별한 아이디어를 낸 것도 아니고 회사에 큰 이익이 되는 일을 한 것도 아니었다. 하지만 사업 초기 여러 번 사무실을 이동하면서도 한 번의 싫은 기색 없이 같은 목표만을 향해서 짐을 싸서 일하러 다니며 여기까지 함께 와주었다. 그 사이에 그녀는 교육을 위해 강사 프로그램을 이수하고, 자기개발을 위해 책을 읽었으며, 나와 아이디어도 공유하면서 일하게 되었다. 나는 그런 그녀가 최선을 다해 일하는 만큼 집에서도 인정받는 엄마로 자리 잡도록 해주고 싶었다.

그녀도 그냥 직원이고 싶지 않았기 때문에 사업 초반에 다른 직원들의 눈총을 참아냈고, 자기개발을 멈추지 않았을 것이다. 그래서 요즘은 "머니쉐프 총괄로서 운영 가능하도록 체계를 만들고 실장님을 도와줄 직원을 충원하세요. 내가 고객사 브리핑만 끝내주면 지속적으로 변화하는 정보와 트렌드에 맞게 관리하는 것은 실장님이 하세요"라고 믿고 맡긴다.

작년에는 실장님 딸과 우리 딸아이를 뉴욕에 데리고 갔다. 엄마가 일하는 회사는 자녀 복지 혜택 차원에서 뉴욕으로 연수를 보내준다고 집에 가서 큰소리 좀 치시라는 의미였다. 그 딸아이가 고등학교에 입학할 때 축하금으로 100만 원을 주었더니 아이가 무척 좋아했다. 그녀를 파트너로 생각하고 함께 끝까지 하길 바라는 나의 마음을 표현한 것이다.

지금도 그녀가 완벽하게 일을 잘하는 것은 아니다. 여전히 실수를 하지만 자신이 정한 기간 내에 마치려고 책임감 있게 일하고, 업무가 적은 날에는 일찍 퇴근하는 등 알아서 일정 조절을 한다. 월급을 주고, 급여를 받는 단순한 고용주와 직원이라고 서로를 생각했다면 이렇게 하지 못할 것이다.

회사를 운영하면서 그 많은 일거리를 다 소화해내려면 직원이 여러 명 필요하다. 그런데 현재 머니쉐프는 실장을 총괄책임자로 하고, 외부 보험사에서 보험설계 등을 도와주는 세 명의 자문위원들로 구성되어 있다. 자문위원들은 모두 자기 회사를 운영하면서 전체 업무 방향을 잡아주고 일을 해준다. 하지만 보수를 주고받는

인간 플랫폼의 시대

관계는 아니다. 감사의 표시로 명절 때 선물 세트를 보내고, 스터디를 지속적으로 함께하는 정도이다. 그리고 서로가 진심으로 잘되길 바라며 어려운 일을 우선순위로 돕는 관계다.

그분들은 나의 성장과 발전을 도와주고 있다. 머니쉐프를 브랜드로 만들어 지속성 있는 사업으로 발전시켜온 과정을 지켜보며 자랑스러워한다. 아무것도 모르고 열정으로 시작해서 삼 년간 수익금 없이 사업을 진행했던 내가 중앙대학교에서 사업 리스크 관리에 대한 강의를 하고, 방송에도 나오는 등 발전하는 모습을 보면서 나를 도와준 것을 뿌듯해한다. 현재도 그분들에게 굉장히 큰 도움을 받고 있다. 나 혼자 가기 힘들 때면 언제라도 동행해주고, 시간 개념 없이 상담자문과 서포팅을 해준다. 만약 그분들의 도움이 없었다면 보험을 브랜드화하고 기업화해서 사업으로 성공시키는 것은 어림도 없었을 것이다.

머니쉐프의 성공은 무보수로 자문해주는 자문위원 분들과 뜻을 함께하는 실장님이 있었기 때문에 가능했다. 만일 급여 관계에만 매인 직원이었으면 절대 이 일을 이루지 못했을 것이다. 파트너 개념을 백 퍼센트 정확하게 인지하고 함께해주어서 지금의 브랜드를 만들 수 있었다. 또한 생명보험 영역과 손해보험 영역을 전부 아울러 보험증권을 분석하고 관리해주는 브랜드와 설계사는 몇 되지 않을 것이다.

현재 머니쉐프는 스물세 개 보험사와 함께 일하고 있다. 우리나

라에 있는 대부분의 브랜드 보험사에 "어떤 프로젝트를 하겠다"라
고 하면 관련된 업무를 서포팅해준다. 결국 이것도 플랫폼이다. 도
움을 주는 사람들이 있었고, 장단점을 매칭해서 사업화했다. 이 매
칭한 것을 또 더 디테일하게 매칭하면서 또 다른 사업가와 연결됐
다. 기업의 리스크를 관리해주려고 보험을 관리해주다보니 신임을
얻어서 다른 사업으로 연계가 되었다. 이런 일들은 모두 자신이 돈
을 받는 만큼 일한다는 마음가짐이 아니라 머니쉐프의 일에 대해
무한책임을 진다는 주인의식을 가진 파트너 직원과 자문들이 있
었기 때문에 가능했던 일들이다.

직원들은 내부 고객이자 내부 플랫폼이다

요즘 날마다 기쁜 마음으로 출근할 수 있는 것은 업어주고 싶을
정도로 감사한 우리 직원들을 만날 수 있어서다. 1,300만 원으로
설립한 법인에서 사무실이나 복지시설 하나 제대로 갖추지 못한
상태에서 시작한 푸드앱 사업을 삼 년 만에 100억 매출로 이끌어
준 것은 직원들이다. 서로 다른 꿈을 가진 사람들이 모여 같은 목
표를 향해 각자의 일을 묵묵히 해준 결과다. 나 역시 월급이나 배
당을 받지 않고 삼 년을 투자했다.

지금은 열심히 일해준 직원들의 근무 환경을 더욱 신경 쓰고 있

다. 일하면서 마시는 음료수는 직원들에게 각자 원하는 것을 신청받아서 휴게실에서 편하게 즐길 수 있게 했다. 음료 하나라도 본인이 원하는 것을 마시고 안마 의자에서 휴식을 취하면서 컨디션 관리를 하게 했다. 이렇게 해서 큰돈을 들이지 않고도 직원들의 업무 효율을 높인다.

근무 시간에 졸리거나 집중이 되지 않을 때는 탁구를 칠 수 있도록 사무실 중앙에 탁구대를 설치했다. 직원들 간의 친선경기를 마련하고 일명 황금접시배를 만들어서 대진표를 보고 우승한 일인에게는 휴가로 바꿔 쓸 수 있는 포인트를 제공한다. 탁구대를 설치만 하고 직원들이 눈치 보여 사용하지 않을까봐 대회와 포상을 마련했다. 친목 경기도 하고 휴가를 받을 수도 있게 되니 탁구를 치는 시간이 자연히 많아졌다. 덕분에 직원들이 운동을 자주 해서 컨디션도 좋아지고, 심지어 퇴근 후에 탁구 레슨을 받는 직원들도 생기면서 사무실 분위기가 이전보다 밝아졌다. 회식을 할 때는 놀면서 아이디어가 나올 수 있게 직원들이 선정한 곳으로 맛집 투어나 놀이 투어를 가는 식으로 함께 즐긴다.

매출 목표액을 달성하면 직원 복지통장에 별도 관리할 수 있는 포상금을 적립해준다. 포상금은 제주도 워크숍이나 해외연수를 가거나, 또는 부서별로 휴양지에서 휴가를 즐기거나 벤치마킹하기 좋은 일본에 답사를 가는 등 여러 가지 방식으로 쓰이고 있다. 일부 직원들은 주식 공부를 하면서 복지통장을 함께 투자·관리하는 형식으로 포상금을 운용하고 있다.

직원의 만족도가 높아지면서 친구를 데려와 입사시키는 경우도 생기고 있다. 일본인 직원이 입사했을 때는 전 사원이 이름표를 크게 달아서 서로 이름을 익힐 때까지 배려해줬다. 직원 부모님 결혼 기념일에는 회사 차원에서 꽃바구니를 배송해주고 있다. 이런 일들이 직원들의 자존감을 높여준다.

지금은 부서별로 확장·발전해서 계열사로 성장시키기 위해 직원의 역량을 키우는 데 집중하고 있다. 경영자는 어디까지나 일하기 좋은 환경을 만들고, 필요한 것들을 연계해주고, 문제가 생겼을 때 함께 해결해주는 역할을 맡는 게 가장 중요하다.

결국 내부 고객인 직원이 만족해야 업무를 제대로 할 수 있고, 기업문화에 익숙해지고 직원들끼리 친해지면서 회사에 대한 애착도 커진다. 그래서 기업문화가 중요하고 직원들과의 소통이 중요한 것이다. 이것이 내가 생각하는 내부 플랫폼의 중요성이다.

2장

'유니폼'에서 '플랫폼'으로
변신하라

색깔 없이 획일화된 유니폼을 벗어던지고 저마다 세상의 중심을 뒤흔드는 플랫폼을 구축하는 사람이 필요한 시기다. 그 사람이 현재는 물론 미래 비즈니스의 핵심으로 부각될 것이다. 플랫폼을 구축하는 사람, 그리고 플랫폼 위에서 비즈니스를 하는 사람이 바로 세상도 마음대로 요리할 수 있다.

나만의 색깔이 묻어나는 인간 플랫폼, 어떻게 준비하고 시작할 것인가?

평생 자문받을 수 있는
멘토를 확보하라

죽은 위인에게 업적과 교훈을 얻을 수는 있으나 현재의 일을 상의하거나 피드백을 받을 수는 없다. 우리에게는 눈앞에 닥친 문제를 어떻게 해결하고 나아갈지 지속적으로 피드백을 주고받을 수 있는 살아 있는 내비게이션, 멘토가 필요하다. 멘토와 이야기하다보면 고민거리가 정리되고, 피드백을 통해 좋은 결과에 도달할 수 있다.

멘토를 정하는 좋은 방법 하나는 내가 관심 있는 분야에서 성공한 인물들 중 피드백이 가능한 이를 찾는 것이다. 감명 깊게 읽은 책의 저자나 가장 흥미롭게 생각하는 주제에 대한 강연자를 멘토로 만드는 것도 좋다. 그러나 그들은 이미 수많은 사람들로부터 만나달라는 전화와 이메일을 무수히 받고 있을 것이고, 강연장에서는 함께 사진을 찍자는 요청으로 피곤할 것이다. 이런 사람을 멘토로 삼으려면 일단 자신의 스토리를 어필하고 임팩트 있게 명함을 전달하면서 흥미를 갖게 해야 한다. 일단 눈에 띄어야 다시 만날 기회를 약속하거나 최소한 개별 연락을 했을 때 상대방의 기억에 남아 있을 수 있다. 임팩트 있는 요청을 하지 못한다면 인사를 나누고 뒤돌아서는 순간 벌써 당신은 잊히고 만다.

멘토와 제대로 소통하고 관계를 지속하라

멘토를 찾았다면 어떻게 나를 어필해야 그 사람과 소통하는 사이가 될 수 있을까? 조언을 받을 수 있는 사이가 되고 싶다면 밤새 고민하며 이메일을 보내는 것보다는 강연 현장에서 어필해보는 것이 좋다. 직접 만나서 요청하는 것보다 더 쉬운 방법은 SNS의 개인 메신저를 이용해서 신청하는 것이다. 페이스북이나 트위터, 인스타그램 등에는 자신의 스토리와 직업이 명확하게 나와 있기 때문에 메시지를 받는 입장에서 믿음이 간다. 자신이 흥미로운 사람이라는 것을 어필할 수도 있다. 멘토를 신청하기 전에 그들의 글을 공유하면서 친밀도를 높이고, 자신이 어떤 생각을 하며 사는지 보여주는 게 좋다.

유명인사나 기업인처럼 바쁜 사람일수록 이동하는 시간이 많고, 이동하는 사이의 자투리 시간이 남는다. 자투리 시간에는 어떤 일을 하기에 애매한 데다 남들의 시선을 회피하기 위해서 스마트폰이라도 보고 있어야 할 때가 많다. 이 시간에 SNS를 하면서 답변을 달기도 하고, 또 자신과 공통의 관심사를 가진 사람들의 글을 찾아보곤 한다.

멘토에게 조언을 듣고자 할 때는 질문을 잘하는 것이 중요하다. 사람들이 가장 흔하게 하는 실수 중 하나가 바로 "사업은 어떻게 해야 하나요?", "어떻게 살아가야 할까요?"처럼 광범위하고 막연한 질문을 하는 것이다. 이런 질문을 받으면 뭐라고 말하기도 곤란할 뿐만 아니라 어떨 때는 답하기에 짜증스러울 수도 있다. 질문을 할 때는 멘토가 잘 아는 분야의 문제를 자기 사례 위주로 제시해서 구체적이고 현실성 있게 답변을 구하는 것이 좋다. 그래야 실제 사례를 통해서 자세한 조언을 받을 수 있다.

멘토와 직접 대화를 했다면 그 대화를 곱씹어보기를 추천한다. 대화를 녹취해서 한 번 더 들어보는 것도 많은 도움이 된다. 사람들은 누구나 자신이 보고 싶은 것만 보고, 듣고 싶은 것만 듣는다. 대화를 나누는 순간에는 본인이 듣고 싶은 방향대로 이야기를 편집해서 듣거나 자의대로 해석하는 경우가 많다. 열심히 들었지만 상대방의 의도를 제대로 파악하지 못하고 지나친다. 이동 중에 다시 한 번 듣던지, 저녁에 일과를 끝내고 나서 다시 들어보자. 그러면 대화할 때 알아채지 못했던 말 사이에 숨어 있는 메시지를 읽을 수 있다.

멘토라고 해서 우리에게 닥친 문제에 대한 명확한 해답만을 줄 수는 없다. 하지만 우리가 어떤 상황에 처하거나 문제에 빠졌을 때 누군가에게 그 상황을 이야기하는 것만으로도 정리가 되는 경우가 있다. 자신이 처한 상황을 객관화할 수 있기 때문이다. 그 상황이나 문제에 대해 정리가 됐다면 어떤 것부터 해야 하는지 계획이 그려질 것이다. 멘토는 그 과정에 도움을 주거나 해결 방안 몇 가지를 제안하는 것만으로 족하다. 자기 인생의 선택은 언제나 자신의 몫이다.

계획이 그려졌다면 자신감으로 무장해서 계획대로 일하며 최선을 다하면 된다. 이후 진행된 업무 상황을 다시 멘토에게 이야기해서 피드백을 받고, 그 에너지에 더해 좋은 에너지를 자가발전하며 일하는 것이다.

이렇게 신나서 열심히 일하면 주변 사람들에게도 기분 좋은 에너지를 퍼뜨리게 된다. 사람들의 평가와 이미지가 좋아지면 관심을 가져주는 사람들도 많아지고, 좋은 일을 함께 기뻐하고 고민을 같이 나누는 사람들도 많아질 수밖에 없다. 이렇게 사람들 간의 좋은 네트워크를 키워나가면 다른 사람을 도와줄 만한 능력도 생긴다. 처음에는 멘토로부터 일방적인 도움을 받는 것 같지만, 서로 좋은 영향을 주고받다보면 누군가의 고민을 해결하기 위해 다른 사람을 연결해주거나 힘든 일을 함께해줄 수 있게 된다.

서로를 성장시키는 멘토와 멘티가 되어라

멘토는커녕 이야기를 털어놓을 상대도 없고, 조언해줄 수 있는 사람도 없다면 어떨까? 아마도 시행착오를 겪으며 손해를 보고, 자신감이 없어서 스스로 위축될 것이다. 설사 성공하더라도 길고 험한 과정을 거치며 숱한 우여곡절을 겪을지도 모른다. 이럴 때 조언해주는 멘토는 사막에서의 나침판 혹은 풍랑 속에서 길을 잃은 배를 인도해주는 등대 같은 역할을 해준다.

나 역시 해오던 일에 회의를 느끼고 방황하던 중요한 시기에 멘토를 만나면서 인생의 터닝 포인트를 맞았다. 사업을 그만두고 싶었던 시점이었는데 일을 다시 점검하고 체계를 잡아서 브랜드화하면서 오히려 사업이 조금씩 안정되었다. 멘토와의 대화를 통해 머릿속을 정리하고, 그것을 바탕으로 계획을 작성하고 행동으로 옮겼더니 불과 일 년 만에 모든 것이 달라졌다. 나중에 감사 인사를 건넸더니 멘토는 "나는 그냥 들어준 것밖에 없네. 나에게 이야기하면서 계획하고 실천해서 이룬 것이니까 스스로 해낸 것이지"라고 했다.

문제에 대한 답은 당사자가 제일 먼저 알게 된다. 누군가에게 이야기하면서 스스로 정리를 한다. 그 속에서 자신이 하고 싶은 쪽으로 유도해서 이야기하게 되어 있다. 멘토가 하고 싶은 방향으로 조언을 해주면 확신을 가지고 일을 진행할 수 있다. 그다음 상황을 멘토에게 이야기하며 정리하고, 다시 큰 줄기를 잡아가면서 일을 진행하는 것이다.

그래서 'Teaching is Learning'이라는 말에 적극 동감한다. 누군가를 가르친다는 것은 곧 무엇인가를 배운다는 것이다. 누군가를 지도한다는 것은 자신이 알고 있는 일을 정리하는 것과 같아서 배우는 것 또한 더욱 많아지기 마련이다. 누군가에게 멘토링을 받아서 고마웠다면, 당신도 누군가에게 멘토가 되어줘라. 그러면 당신의 멘티도 조만간 누군가의 멘토가 되어줄 것이다.

나에게는 세 명의 멘토가 있다. 정신적 지주에 해당하는 노자 같은 멘토, 인생 전반에 걸쳐 롤모델인 멘토, 엄마처럼 하염없이 들어주고 에너지를 충전해주는 멘토. 그들에게 조언받고, 자극받고, 위로받는다.

그리고 멘티는 열 명이 있다. 그들 중에는 학생도 있고 사업을 하려는 사람도 있다. 사업을 하려고 찾아온 친구들과는 삼 개월 프로젝트를 통해 사업가로 만들어서 데뷔시키는 일을 하고 있다. 노하우를 전수해서 하나의 회사를 만들어서 출발시켜주는 것이다. 스타트업 회사 등의 기업경영을 맡아서 매출을 내기까지 아이디어 회의를 하고 기획한 것을 실행하기 위한 전반의 일을 해준다. 내가 직접 기업을 만들고 키워왔기 때문에 신설 회사의 컨설팅부터 샘플링 업무까지 해주는 것은 '일'이 아닌 '놀이'처럼 재미있다.

교육 기간은 형편이 되는대로다. 일주일이든 한 달이든 서로에게 할애할 수 있는 시간만큼 해주고 있다. 한번은 지인의 조카가 우리 회사에서 일주일 동안 근무를 하고 갔다. 유럽에서 공부를 한 후 한국에서 외식회사를 차리고 싶다고 했기 때문이다. 지금은 사업을 하는 데 필요한 과정을 도와주고 있다. 또, 한번은 카이스트에서 석사과정까지 마친 친구가 찾아와 마케팅 회사를 하고 싶다고 도움을 요청했다. 회사 설립에 관련된 일을 해주었고, 플랫폼 교육기관으로서 카카오톡을 이용해 영어교육을 하는 사업가도 지원해주었다.

의류 사업체 한 곳도 컨설팅해주고 있는데 옷을 사러 나갈 시간이 없는 사람들을 대상으로 한 아이템에 주력하고 있다. 카카오톡을 통해 옷을 고르면 업체에서 직접 옷을 가지고 와서 입어보게 해준다. 소비자가 마음에 드는 옷을 골라 구매하면 나머지는 다시 가져가는 시스템으로 컨설팅해주었다.

많은 사람들이 컨설팅을 받기 위해 나를 찾아온다. 컨설팅은 한번으로 끝나는 경우도 있고, 한 달에 한 번이나 두 번씩 정기적으로 컨설팅해주기도 한다. 나도 밑바닥부터 시작해서 사업을 일구며 다양한 경험을 했기에 컨설팅을 원하는 부분은 적극 지원해주고 있다. 다만 컨설팅을 받고 사업을 얼마나 확장시키는가는 그의 몫이다. 서로 배우고 결과를 만들어가는 관계 역시 플랫폼의 한 형태다.

언제고 터닝 포인트를
맞을 준비를 하라

누구에게나 살아가는 동안 세 번의 기회가 주어진다고 한다. 우리는 그 기회를 자기 것으로 만들기 위해 늘 준비하고 있어야 한다. 준비 없이 있다가 깨닫고 잡으려고 하면 이미 기회는 쏜살같이 달아나고 없다. 기회는 아무 때나 오는 것이 아니라 어렵고 힘들어서 '더 이상 희망이 없다'고 포기하려는 순간에 찾아온다.

우리는 늘 주변 상황의 변화에 많은 관심을 두고 있어야 한다. 변화하는 타이밍, 변화해야 할 타이밍을 놓치지 않기 위해서다. 내 경우를 예로 든다면, 스물여덟 살에 시작한 첫 사업체를 오 년 만에 매각했다. 일본에서 브랜드 제품을 수입해서 한국에 판매하는 사업이었는데 대리점이 백 개 정도 있었다. 열심히 일만 하면 많은 자본금 없이도 상당한 수입을 올릴 수 있는 사업이었다. 그런데 어느 날 퇴근하고 집에 오니 한국과 일본 간 병행수입이 허용된다는 뉴스가 나오고 있었다. 그 순간 회사를 자신에게 매각하라고 했던 모 회사 대표님이 떠올랐다. 그래서 바로 전화를 걸었다.

"회사를 매각하겠습니다. 내일 아침 아홉 시까지 인수금을 입금하시고 재고를 실어갈 수 있는 차를 보내주십시오. 그러면 내일 날짜로 매각을 하겠습니다."

거의 통보하는 식으로 입장을 전했음에도 불구하고 정말 아침에 차가 왔고 돈이 입금되었다. 그런데 너무나 신기한 것은 통장에 찍힌 액수였다. 중학교 2학년 때 "내 나이 만 서른 살에는 통장에 얼마의 금액이 들어 있을 것이다"라고 말했던 금액이 그날 통장에 찍혀 있었던 것이다.

스물여덟 살에 누군가의 도움이나 큰 자본금 없이 사업을 시작한 뒤로 항상 자금이 부족했고, 푹 쉬지 못했고, 정보가 부족했다.

승합차에 물건을 싣고 홀로 전국을 운전하고 다니면서 물건을 납품하는 일은 어지간한 여자에게는 힘든 일이었다. 통장에 찍힌 기적 같은 금액을 보니 지난 수년간 겪었던 모든 고생이 주마등처럼 눈앞을 스쳐 지나갔다. 그때부터 '절대적으로 돈을 많이 투자하는 사업은 하지 않겠다', '다시는 자금난에 허덕이면서 사업을 하지 않겠다'는 결심을 했다. 앞으로 해야 할 사업에 관해 나만의 철칙이 생긴 것이다. 통장에 입금된 돈을 자본금 삼아 '앞으로는 불린 돈만 가지고 사업을 하겠다'고 말이다.

멘토를 만났을 때는 적극적으로 행동하라

한일 무역중개회사를 매각하고 나서 시작한 일이 재무 컨설팅이었다. 보험을 기본으로 해서 영업을 해보니 사람을 개별로 만나 보험계약을 하는 데는 한계가 있었다. 한 사람을 네다섯 번은 만나서 친분을 쌓고 보험 설명을 해야 계약을 하는데 계약 후 받는 수당이 그 사람을 만나는 동안 대부분 지출됐다. 게다가 우리나라 보험 영업은 잘못된 인식이 박혀 있어서 계약과 동시에 노예처럼 모든 요구를 들어줘야 하는 일이 잦았다. 무슨 일이 있을 때마다 와달라고 하면 가야 했고, 요청을 하면 다 들어줘야 했다. 고생해서 보험에 가입시켜도 보험설계사에게는 큰 의미가 없었다.

그러던 중에 보험 정책이 변화하고, 보험 구조가 자꾸 바뀌면서 보험 상품의 세테크적인 메리트가 자꾸 사라졌다. 그렇게 일을 하다보니 돈을 버는 구조 자체가 아니라는 생각이 들었다. 더 이상 비전이 보이지 않는다고 판단하고는 '내가 이걸 관두고 다른 사업을 해야 하나?', '그럼 돈이 또 들어가는데 어떡하지?' 하는 고민을 했다.

재무 컨설턴트 사 년 차에 접어들 때 터닝 포인트가 찾아왔다. 당시 내가 총동문회 사무차장 일을 맡고 있던 최고경영자과정에 글로벌 기업가가 후배로 들어왔다. 입학식 때 그분을 만나서 금융업을 한다고 소개했더니 한번 같이 이야기를 해보자고 했다. 그때는 개인적으로 심한 좌절을 겪던 시기여서 누구도 만나고 싶지 않았다. 보험 일을 그만둬버리고 싶다고 생각할 만큼 힘들었기 때문에 그 후에 몇 차례 만남 제의도 뿌리쳤다. 그러다가 송년회 행사를 진행하는데 그분이 다가와서 말씀하셨다.

"내일 수료식이 끝나면 이틀 후엔 미국으로 돌아갑니다. 사 개월의 시간이 흐르도록 만날 수가 없었네요. 상의할 것도 있고, 드릴 것도 있는데……."

"그러면 내일 만나면 되겠네요."

그렇게 해서 만난 분이 바로 내 멘토 중 한 분인 스노우폭스 김승호 회장님이다. 회장님을 만나러 가면서도 별 기대는 없었다. 내 머릿속은 '어떻게 살아갈까'라는 현실적인 문제로 가득했기 때문이

인간 플랫폼의 시대

다. 지금 생각하면 어리석은 일이었지만 '이분은 미국에 살고 계시니 보험계약을 받을 수도 없고……. 잘 알지도 못하는 이분과 무슨 대화를 하지?'라는 생각을 했다.

김 회장님은 나와 오 분쯤 대화를 나누다가 "배 대표는 미국에서 태어났으면 최고의 로비스트가 되었을 텐데"라고 하셨다. 로비스트가 하는 일이 사람과 사람 사이를 이어주는 일이기에 그 평가는 어느 정도 수긍이 갔다. 자연히 대화는 그 주제로 흘렀다. 우리나라는 로비스트를 인정하지도 않을뿐더러 활동할 수 있는 구조가 아니다, 설사 그런 활동을 하더라도 수수료를 받을 수 없다는 등의 이야기를 나누었다.

김 회장님은 내게 나라를 잘못 타고 태어났다고 하셨다. 이야기를 나누다가 "그럼 로비스트를 인정해주는 미국에 가보고 싶어요"라고 말씀드렸다. 그러자 흔쾌히 미국으로 오라고 하셨지만 그게 비행기 표를 끊어주면서 초청하는 것이 아니라 미국에 오면 정보를 주고 식사 대접 정도 하겠다는 뜻이었다. 하지만 "알겠습니다. 가겠습니다"라고 큰소리를 쳤다.

가겠다고 큰소리를 치고 나서 고민하기 시작했다. 미국에는 아무런 연고가 없고, 숙식 해결은커녕 비행기 표 끊을 돈도 없었다. '돈 없이 어떻게 미국에 가지?' 고민하던 중에 스마트폰을 보니 그동안 신용카드 실적으로 쌓아두기만 했던 항공사 마일리지 포인트가 눈에 딱 들어왔다. 어둠 속에 한 줄기 빛이 쏟아져 들어오는 듯했다. 포인트가 9만 마일리지 정도 쌓여 있었다. 7만 마일리지면 미국은 충분히 갈 수 있다. 곧바로 항공사에 전화를 걸었다.

"저에게 9만 마일리지가 있는데 이걸로 어떻게 비행기 표를 끊을 수 있어요?"

물어보니까 세금만 내면 된다고 했다. 망설일 게 하나도 없었다. 세금을 내고 비행기 표를 끊어서 미국으로 날아갔다. 도착하자마자 김 회장님에게 전화를 했다. 그런데 황당한 대답이 돌아왔다. 미국 전역에 걸쳐 사업을 하고 있는데 꼭 해결해야 할 일이 생겨서 당장은 나를 만날 수 없다고 했다. 대신 업무를 해결하고 돌아올 동안 미국 서부를 돌면서 여행하고 있으라며 안내를 해주셨다. 항공사 마일리지 포인트를 발견했을 때는 천국에 온 기분이었다면, 그때는 지옥을 맛보는 기분이었다. 영어도 못하고 미국에 아는 사람도, 돈도 별로 없었다. 더군다나 미국 서부라니! LA에 있는 것도 두려웠다. 할 수 있는 일이라고는 한국으로 돌아가는 것밖에 없어 보였다. 그래서 "아닙니다. 저는 한국으로 다시 돌아가겠습니다" 하고는 리턴 스케줄로 바꾸었다. 미국에 간 지 하루 반 만에 비행기를 타고 다시 한국으로 돌아간 것이다.

돌아오는 비행기 안에서 만감이 교차했다. 사업에서든 어떤 것에서든 누군가를 의지하고 가면 안 되고 자신이 주체가 되어야 한다는 생각을 했다. 그 뼈저린 경험에 대해 돌아오는 길에 수많은 생각이 들었고, 잊지 않기 위해 글로 남겨두었다.

하루 동안의 여정이 헛된 것만은 아니었다. 돌아오기 직전에 미국 지역방송 프로그램에서 옛날에나 흔히 볼 법했을 이름을 가진 어떤 여성 보험설계사의 광고를 본 것이다. 그녀는 자신의 이름을 넣은 '○○보험회사'에서 모든 보험을 관리한다고 했다. 내가 보험설계사였던 탓에 관심을 가지기는 했지만 한 사람이 모든 보험을 관리한다는 것이 언뜻 이해가 되지 않았다. 한국으로 돌아온 후 김승호 회장님에게 전화해서 그 시스템에 대해 물어봤다.

"한 사람이 모든 보험을 관리한다니, 미국은 이런 것을 어떻게 관리합니까?"

김 회장님의 설명을 들어보니 미국에서는 보험설계사가 와서 기업이 가입한 모든 보험을 다 컨트롤해준다는 것이었다. 기업에서 담당 보험설계사에게 보험료와 수수료를 내면 그 설계사는 자신이 절약한 만큼 수익으로 가져가는 시스템이었다. 이 이야기를 듣자 '바로 이거다! 이게 선진형이고, 내가 갈 길이다'라는 생각이 들었다. 바로 그 순간 진저리 치게 버리고만 싶었던 보험업이 새롭게 보이기 시작했다. 나무가 아닌 숲이 보였고, 비즈니스 시스템이 보였다. 내가 상상하지도 못했던 거대한 플랫폼이 탄생하는 순간이었다.

이후에 김 회장님이 미국에 다시 와보라고 하셨다. 그래서 미국에 갔던 일의 자초지종을 이야기하며, 그때의 참담했던 심정을 사실대로 털어놓았다. 김 회장님은 실수한 게 미안하다면서 "너의 미래를 응원하는 차원에서 항공사 마일리지 포인트를 보내줄게" 하며 포인트를 보내주셨다. 그래서 다시 포인트로 미국을 갔고, 두 번의 미국행으로 지금의 머니쉐프가 탄생했다. 우연히 본 미국 지역방송과 카드 포인트가 내 인생의 전환점을 만들어준 것이다.

내가 좌절했을 때 멘토를 만나지 않았다면, 그리고 그가 내 질문에 답해주지 않았다면 지금의 머니쉐프는 없었을 것이다. 그리고 내 인생에 변화도 없었을 것이다.

{ 타인과 공감하고 소통하는 능력이
곧 사업의 밑천이다 }

　　　　　　　　　　사회생활을 원만하게 잘하기 위해
서는 타인과의 공감 능력이 있어야 한다. 사업이나 영업을 하거나
사람들 사이에서 플랫폼 역할을 하려면 더욱 그렇다. 공감 능력과
소통 능력은 무엇보다도 중요한 사업 밑천이다.

내가 부모님께 물려받은 가장 소중한 유산은 '사회성'

　　나는 부모님께 물려받은 유산이나 자본 없이 사업을 시작했다.

아버지께서 습관처럼 "시집 갈 때 양육비는 갚고 가라" 해서 생겨난 빚이 유산이라면 유산이다. 오히려 빚을 지고 시작했지만 진심으로 이것이 유산이라고 생각한다.

대여섯 살 즈음에 아버지는 공장을 운영하셨다. 그 공장 앞의 운행하지 않는 버스에서 어머니는 직원식당을 하셨다. 자연스럽게 공장과 직원식당이 내 놀이터가 되었다. 유치원도 다니지 않을 때라 하루 종일 공장과 식당을 오가며 놀았다. 아침이면 아버지와 함께 집을 나서서 사무실로 갔다. 사람들이 오면 인사를 하고 물을 가져다드렸다. 자연스럽게 비서 노릇을 한 셈이다.

그때부터 사무실에 찾아온 사람들을 관찰했다. 아버지 앞에서 쭈뼛거리는 사람은 부탁하러 온 것이고, 목에 힘을 주고 당당한 사람은 뭔가 요구하러 온 것이다. 손님들이 힘든 일 이야기를 할 때는 나에게 돈을 주면서 나가 있으라 하고, 어떨 때는 예쁘다며 무릎에 앉혀두고 이야기를 했다. 그러다보니 사람들이 나를 대하는 태도로 나의 포지션이 나왔고, 사람과 사람 사이의 관계를 자연스럽게 익혔다.

아버지와의 정확한 이해관계는 몰랐지만 일단 나에게 친절하고 잘해주면 좋은 사람, 눈도 안 마주치거나 눈이 마주쳐도 표정이 딱딱한 사람은 안 좋은 사람이었다. 상대에 대한 판단을 내린 후에는 좋은 사람이 다음에 오면 더 반갑고 편하게 맞이했다. 아버지와 손님의 분위기에 따라 내 행동도 달라졌다. 상황과 분위기를 봐서 나가 있어야 할 상황이다 싶으면 엄마 식당 쪽에 가서 놀다가 돌아왔다. 그렇게 모르는 사이에 비즈니스를 배우고 매너와 처세를 자연스럽게 익힌 것 같다.

그때는 가족들이 "배명숙 수중에 현금이 마르면 대한민국 경제는 끝났다"라고 말하곤 했다. 다섯 살짜리가 "오셨어요?" 하고 인사하면서 물을 가져다주니 손님들은 "가서 아이스크림 사 먹어라", "과자 사 먹어라" 하고 돈을 주시곤 했다. 그러면 그 돈을 쓰지 않고 모았다. 어머니 식당에 가면 미숫가루도 타주고 부침개도 부쳐주시니까 따로 사 먹을 필요가 없었다. 또 식당에 갑자기 조미료가 떨어지거나 하면 어머니가 심부름을 시켰다. 그러면 냉큼 거래를 했다. "심부름 해주면 남은 돈 나한테 줄 거야?" 하면서 잔돈을 챙겼다. 아버지 사무실과 어머니 식당, 양쪽을 오가면서 돈을 벌었으니 다섯 살부터 투잡을 가진 셈이었다.

오후 네 시가 되면 1,000원짜리, 100원짜리, 10원짜리를 금액별로 모은 후 신문지에 싸서 신도림역 근처에 있는 은행에 갔다. 그리고 창구에서 돈을 입금했다. 사람 얼굴은 안 보이고 돈만 쓱 올라오니까 은행원들이 깜짝 놀라기도 했다. 당시 그 은행에서 나는 나름 유명인이었다. 아마 최연소 저축자였을 것이다. 네댓 살부터 손님(어르신)들에 대한 처세와 거래를 아는 것은 물론, 경제적 마인드까지 장착(?)했으니 지금 사업을 하는 것은 예견된 수순 같다.

지금도 나는 나이 드신 분들과 이야기하는 것이 편하다. 어른들 앞에서 어떤 말과 행동을 해야 하는지를 알기에 어르신들이 보면 예뻐하신다. 특히 성공한 사업가나 나이 드신 대표님들을 보면 배울 점이 많으니까 더 싹싹하게 잘할 수밖에 없다. 함께 엘리베이터를 타면 먼저 버튼을 누르고, 차를 주차할 땐 장소를 잊지 않게 주차 위치를 사진으로 찍어놓곤 한다.

모임 장소에 가면 "가만 앉아 계셔요. 제가 가서 가져올게요" 하고 무엇을 하든 내가 한 발 먼저 움직였다. 큰 행사에 참석하면 CEO들의 시야까지 뒤에서 파악하면서 "당황하지 말고 시키실 일 있으면 카톡 보내세요. 뒤에 있다가 처리할게요" 하고 한 발 물러나 상황을 살펴가며 필요한 것을 챙겼다. 그러다보니 회장님들 사이에서 쟁탈전이 벌어지기도 했다. 다들 좋아해주시니까 평판이 좋아지고, 평판이 좋아질수록 좋은 자리에서 계속 나를 불러주셨다. 자주 만날수록 사이가 더 돈독해지고, 그러면 내가 어떤 요청을 했을 때도 가능하면 들어주려고 노력해주신다.

모든 것은 행동, 말, 눈빛에 달려 있다. 처음 만났을 때도 "반갑습니다" 하고 앉아 있으면 에너지가 전달되지 않는다. 인사말과 함께 반짝이는 눈빛을 보내고, "정말 만나고 싶었어요"라는 마음이 전달되어야 한다. 이야기를 들을 때도 "그래서요? 아, 그랬구나" 하는 리액션이 중요하다. 그러면 이야기를 하는 사람도 신나고, 헤어질 때 "배 대표 덕분에 오랜만에 무척 기분 좋았어. 다음

인간 플랫폼의 시대

행사가 있는데 그때 또 만나서 이야기하시죠"라고 다음을 기약하게 된다.

사람들에게 호감을 주는 매너는 별것 아니다. 상대의 마음을 헤아리고 내가 받고 싶은 대우를 먼저 해주면 된다. 내가 더워서 목이 마르면 상대에게 물을 가져다주고, 어색한 장소에 갔을 때 누군가가 나를 챙겨주길 바라기보다 내가 가서 먼저 필요한 게 있는지 물으면 된다.

예를 들어, 여러 명의 친구들과 뷔페에 갔다고 하자. 한 친구가 구석 자리에 앉아서 드나들기 불편해 보이면 처음 한두 번은 직접 음식을 가지러 가게 두더라도 후식을 먹을 때쯤이면 좋아하는 케이크와 과일 등을 담아다가 슬쩍 친구 앞에 놓아주자. 그 친구 눈에서 저절로 하트가 나올 것이다.

명함의 유효 기간 삼 일이 지나기 전에 연락하라

내가 생각하는 명함의 유효 기간은 삼 일이다. 주고받은 지 삼 일이 지나면 명함의 유효 기간은 끝났다고 생각한다. 상대방에게서 내 기억이 희미해진다는 뜻이다. 명함을 받은 후 적어도 사흘 이내에 연락을 해야 관계를 유지할 수 있다.

별다른 생각 없이 명함을 주고받을지 모르지만 누군가에게 명함을 준다는 것은 상당한 의미를 지닌다. 회사 주소와 전화번호, 팩스 번호는 물론 자신의 휴대전화 번호와 이메일까지 모두 공개하는 것이기 때문이다. 그런 의미에서 명함은 그것을 준 사람에게로 통하는 하나의 플랫폼이다. 명함을 통해 당신의 사무실로 전화를 걸거나 팩스를 보낼 수 있고, 휴대전화 통화나 카카오톡 대화를 나눌 수 있다. 하고 싶은 이야기를 잔뜩 적어서 메일을 보내도 좋다는 일종의 허가와 같은 것이기도 하다.

나는 명함을 받으면 스마트폰에 이름부터 저장한다. 그러면 카카오톡에 자동으로 친구추가가 되는데, 내가 기억하고 싶은 사람이라면 곧바로 문자나 카카오톡을 주고받는다. 그때 한번 '관계 정리'를 하게 된다. 관심 없는 사람이라면 전화번호를 저장하지 않고 명함을 쓱 들여다보고 지갑이나 명함 케이스에 꽂아두고 잊어버린다. 내 경험을 바탕으로 명함의 유효 기간이 삼 일이라는 지론을 가지게 됐다.

또 명함을 받고 헤어지면 상대방의 명함에 메모를 한다. 어디서 만났는지, 누구 소개로 만났는지, 그리고 주고받은 이야기 중에 인상 깊었던 것은 무엇이었는지, 다시 만났을 때 떠올릴 만한 키워드를 적어둔다. 다음에 만났을 때 누구인지 쉽게 떠올리기 위해서다. 기억이 휘발되기 전에 상대방을 특징지어 기억할 만한 내용들을 기록하고, 전화번호를 스마트폰에 저장하고, 카카오톡으로 대화를 주고받는다. 모임을 계기로 만난 사람이라면 모임과 관련 있는 사진을 주고받기도 한다. 내가 만난 사람들 한 명, 한 명을 모두 기억해두기 위해서다.

인맥 관리에 신경 쓰는 사람들은 명함을 주고받을 때 상대를 기억하기 위해 남다른 방법을 쓰기도 한다. 명함을 받으면 "죄송합니다. 사진을 좀 찍겠습니다" 하고 사진 찍는 분도 만난 적이 있다. 처음에는 굉장히 당황했다. 여자들에게 아무런 준비도 없이 스마트폰 카메라를 들이대면 당황할 수밖에 없다. "어머, 제 프로필 사진 있으니까 그거 보내드릴게요." 그러자 그분은 "저만 보는 사진이니까 괜찮습니다"라면서 자신의 스마트폰에 내 사진을 남겼다. 그런데 그렇게 하니까 내 입장에서도 그분이 쉽게 각인되어 좋았다.

그 후부터는 나도 사진을 남겨두려고 노력한다. 상대가 사진 찍는 것을 싫어하거나 어려운 자리에서는 "단체 사진 한 장 찍으시죠" 하고는 그분에게 초점을 맞춰서 찍은 후에 오려서 사용하기도 한다. 요즘은 명함을 교환하면서 "혹시 페이스북 하세요?"라고 물은 후 페이스북 친구를 맺는다.

그런 의미에서 페이스북은 인맥 관리에 최적인 수단이다. 내가 무슨 일을 하고 무슨 생각을 하며 앞으로 어떤 일을 할지 페이스북으로 소통할 수 있기 때문이다. 그러다 그분들이 내가 하는 일에 관심이 있으면 '좋아요'를 누르고 댓글도 달고 필요에 따라 찾아오기도 한다. 이제는 SNS가 명함 역할을 대신하는 것이다.

명함은 나에 대해 표현할 수 있는 지면이 한정되어 있다. 하지만 SNS를 통해 사람들을 두드리면 내가 줄 수 있는 정보, 그쪽에서 얻을 수 있는 정보가 훨씬 더 다양하고 많아진다. 그 사람의 인간관계와 생각을 알 수 있고, 관계를 지속할지 말지, 비즈니스를 할 수 있는지 여부를 빨리 판단할 수 있다.

명함을 주고받았다고 해서 그 사람을 어디선가 다시 마주쳤을 때 알아보고 근황을 주고받으며 반갑게 인사할 수 있을까? 물론 명함을 주고받은 이후 관계를 지속적으로 이어왔다면 가능하겠지만 업무 관계가 끝났거나 단발성 만남을 가졌던 사이라면 이름과 얼굴을 기억하기가 어렵다.

그런데 SNS로 관계를 맺어놓으면 다시 마주쳤을 때 그분이 먼저 "저, 페이스북 친구입니다. 기억하세요? ○○콘텐츠 즐겨 보고 있습니다"라면서 말을 거는 신기한 경험을 자주 하게 된다. 자신의 일정을 알고 말을 거는 상대라면 이쪽에서도 친밀감과 호감이 생길 수밖에 없다.

나는 만나는 모든 사람들에게, 심지어 어린 학생들에게도 SNS를 운영해보라고 권한다. 누군가와 소통하는 것도 도움이 되고 생각 정리에도 좋고 인맥 관리에도 좋은데 어찌 권하지 않을 수가 있겠는가?

깊은 밤에 일을 하다가 심심해서 잠깐 SNS를 하면 간혹 개인 메시지가 온다. 그 시간에 활동하고 있는 것을 본 누군가가 "아직 안

인간 플랫폼의 시대

자네?" 하고 반가워서 연락하는 것이다. 그렇게 통화를 하면서 밀린 수다도 떨고 사진을 주고받은 경험이 많다. SNS가 아니라면 늦은 시간까지 친구와 연락을 하고 대화를 나누는 것은 쉽지 않다.

페이스북의 경우 상대가 온(on-line) 상태인지 오프(off-line) 상태인지 알 수 있다. 직접 친구뿐만 아니라 연동되는 사람들까지 모두 보여서 좋다. 연동되는 것들이 자연스럽게 뜨기 때문에 인맥 관리가 쉽다. 대표적인 소셜 네트워크인 페이스북, 인스타그램, 카카오스토리는 제각기 특장점이 있다. 그래서 SNS는 두 가지 이상 하는 편이 좋다.

명함의 취지가 내가 누구인지 알리고 상대가 내 연락처를 갖고 있기를 바라는 것이니까 SNS야말로 확장판 명함이 아닐까? 지금 당장 어플리케이션을 받아서 SNS에 가입해보자. 일 분이면 충분하다. 오늘 당장이라도 잊고 있었던 친구들이 당신에게 친구신청을 할 것이라 확신한다. 그리고 그것이 서서히 확산되기 시작한다. 이것이 바로 플랫폼의 모태인 것이다!

여행은 함께하는 상대의 지혜를 배우는 소중한 기회다

여행은 직접 몸으로 부딪치며 배우게 해주는 스승이다. 여행의 출발은 버리는 것에서 시작한다. 편안한 잠자리, 친구들과 가족,

모아놓은 재산들까지, 내가 가진 익숙한 것들을 두고 꼭 필요한 짐만 챙겨서 떠나기 때문이다. 모든 것을 다 움켜쥐고 있거나 가득 차 있으면 새로운 것을 받아들일 수 없다. 비워야 다시 채워 넣을 수 있다. 그래서 여행을 떠나면 얻는 게 많다.

사람마다 조금씩 다르겠지만 나에게 여행의 가장 큰 소득은 사람인 것 같다. 함께 여행하는 사람들과 대화하면서 친해지고 배우고 깨닫는 게 많다. 함께 여행을 가면 평소에 하지 않는 이야기를 나누기도 한다. 특히 해외여행을 가면 자연스럽게 스마트폰과 멀어지고 그 순간부터 정말 진솔한 대화가 시작된다. 예컨대 미국에 간다면 비행기에서만 열두 시간에서 열다섯 시간을 보내기 때문에 서로 평소보다 더 많은 이야기를 나눌 수 있다. 그런 자리에서 상대방의 철학을 알 수 있다. 덕분에 더욱 친해지고 관계도 더 끈끈해질 수밖에 없다. 어떤 철학이 있었기에 성공할 수 있었는지, 현재 그 사람이 어떤 꿈을 이루려 매진하고 있는지도 자연스레 알게 된다.

사회생활을 하면서 가장 좋았던 경험 중 하나를 꼽으라면, 최고경영자과정을 들으면서 좋은 분들과 함께 여행을 갔던 것이다. CEO들과 오래 지내다 보면 대개 사업 이야기를 들을 수 있다. 그 사업을 어떻게 시작했고 어떻게 성공했는지 기업가들에게 듣고 싶었던 이야기를 그때 들을 수 있다. 하루 종일 연수를 받고 나서 저녁 시간이 되면 좀 더 사적인 이야기를 하게 된다. 기업을 일구고 성공으로 이끈 분들이 많기 때문에 조언을 듣고 배울 점도 많이 보게 된다.

이렇게 여행을 통해 진정한 인간관계가 자연스럽게 형성되는 경험이 너무 좋다. 지난해부터는 내가 배우고 싶은 여성 CEO들을 초대해 함께 여행을 다니고 있다. 함께 다니며 자연스럽게 존경할 만한 부분을 차분히 보고 배우며 상대와 공감하는 시간을 가지는 것이다.

다양한 매체를 활용해
자기 PR을 하라

     당신은 아침에 눈을 뜨면 가장 먼저 어떤 일을 하는가? 아침에 일어나서 바로 하는 생각과 행동이 그 사람의 하루를 결정짓는다. 나는 아침에 일어나면 제일 먼저 스마트폰을 들여다본다. 그래서 스마트폰 거치대를 화장대에 하나, 세면대에 하나 놓아두었다. 화장하면서, 욕실에서 세수하면서 틈틈이 들여다보면 시간을 활용할 수 있기 때문이다.

  아침에는 보통 스마트폰으로 유튜브 동영상을 보며 정보 습득을 한다. 내가 보는 것은 디바제시카의 영어교육, 모험가 이동진 씨와 방송인 김제동 씨의 강의 영상 등 다양하다. 강연을 많이 하

                                인간 플랫폼의 시대

니까 김창옥 교수의 동영상을 보면서 위트 있는 말하기를 배우고, '영국남자 조쉬(Josh)' 동영상도 자주 찾아본다. 영국남자 조쉬는 유튜브로 성공한 대표적인 케이스로 구독자가 백삼십 만 명이 넘는 스타 유튜버다. 주로 한국과 영국, 미국의 문화 차이를 알려준다. 해외에 자주 나가는 데다 우리 기업들의 해외 진출을 도와주고 있는 나에게는 해외와 우리나라의 문화에 대한 인식 차이를 설명해주는 그의 동영상이 많은 도움이 된다.

유튜브는 자신이 보는 입장에서 접근할 수도 있지만 플랫폼으로도 유용하게 활용할 수 있다. 유튜브에 '머니쉐프'라고 치거나 '배명숙'을 치면 내가 올린 영상을 볼 수 있다. 내가 평소에 하는 강의 활동, 출연했던 TV 프로그램이나 인터뷰, 마카오에서 했던 강연 등을 유튜브에서 검색해서 볼 수도 있다.

처음에는 책상에 카메라를 고정해서 찍거나 딸아이에게 찍어달라고 한 것을 올리기도 했다. 나중에는 다른 사람들이 유튜브에 올린 것을 보면서 따라 하기도 하고 참고로 삼았다. 이렇게 하니 나만의 채널, 방송국이 생겼다. 남들이 하는 것을 나라고 못할 이유가 어디 있겠는가? 페이스북을 살펴봐도 대단한 것만 올라와 있지는 않다. 그냥 찍은 동영상도 올리기만 하면 플레이된다. 언제어디서나 동영상을 찍어서 스마트폰으로 간편하게 편집해 유튜브에 올릴 수 있다.

잘 만들어진 유튜브 영상들을 모아보면 노하우를 알 수 있다.

우선 사람들이 검색하기 편하도록 제목을 넣어야 한다. 그리고 자신이 게시하는 영상물을 섹션별로 나누어서 제공하는 것이 좋다. 여기에 한 가지 팁을 덧붙인다면, 동영상을 페이스북 같은 SNS에 공유하면 사람들이 굳이 유튜브에 들어가지 않아도 내 활동을 바로 볼 수 있다. 영상물을 올리면서 내 사업의 키워드를 올려놓았기 때문에 자동으로 노출이 되는 것이다.

요즘은 자기 PR 시대다. 영상을 올리면 누군가 보고, 본 사람들이 다시 나를 '검색'하면 팬층이 생긴다. 내가 올린 영상이 재미있어서 찾는 사람이 많아지면 소위 '대박'이 터질 수도 있다. 그래서 예술가들은 자신의 연주 장면 등을 찍어 올리고, 운동선수들은 익스트림 스포츠, 무술, 실제 경기 혹은 경기 중 일어난 해프닝을 찍은 영상을 올린다. 시사 문제에 관심이 많은 이들은 사건 사고 현장에 직접 찾아가서 영상을 찍어 올린다. 많은 사람들이 유튜브를 이용해 다양한 분야의 동영상을 올리고 '공유'한다.

콘텐츠를 만들고 기획하는 것보다 일단 시도해보는 것이 중요하다. 무조건 시도해야 한다. 이것이 바로 '액션'이다! 여기서 '액션'이란 머리로 생각할 시간에 '클릭 한 번으로' 그 세계로 먼저 뛰어들라는 뜻이다.

우리나라 사람들이 점점 책을 읽지 않는다고 한다. 출판업계 사람들은 늘 해마다 더 어려워지고 있다고 말한다. 앞으로도 젊은 사람들이 책을 더 많이 읽게 될 일은 없을 것이다. 책은 영상물보다 재미를 느끼기까지 시간이 오래 걸리며, 오감을 자극하는 영상물과는 달리 상상력에 의존해 인내심을 가지고 읽어야 하기 때문이다. 시대의 트렌드에 맞추려면 결국 영상물로 승부를 걸어야 한다. 그 영상물과 관련된 책이 함께 출간된다면 영상을 접하면서 자연스레 책 홍보가 되고, 책에 대한 관심을 갖게 한다. 결국 독자가 관심을 가져야 책을 사서 읽는다. 역사 강의를 재미있게 해서 베스트셀러 작가가 된 설민석 선생이나 스타 인문학 강사 최진기 선생이 좋은 예다.

유튜브나 SNS에서 하루에 최소 한 편씩 당신에게 유용한 영상물을 찾아보자. 책을 찾아보는 게 더 좋을 수도 있지만 책을 읽기 힘든 사람은 영상부터 보자. 이것은 저항할 수 없는 시대의 흐름이다. 당신의 사업을 홍보하는 데 유튜브나 SNS를 이용하는 것은 당연하다.

"잘될까?" 하고 고민할 시간에 당장 사업을 홍보하는 액션을 하라! 그것이 앞으로 당신의 플랫폼을 만들어주고 사업을 확산시킬 것이다.

모임에 참여해서
존재감을 드러내라

　　나는 고등학교를 졸업하기도 전
에 취업을 했고, 결혼과 동시에 일본으로 유학을 가서 학업과 일
을 병행하느라 모임 활동을 할 기회가 없었다. 한일 무역중개회사
를 매각한 후에야 새로운 집단에서 활동해보고 싶은 마음의 여유
가 생겼고, 그렇게 해서 처음 간 곳이 볼링 동호회였다. 볼링은 혼
자 치는 것이 쉽지 않고 팀별로 게임을 해야 하기에 취미 활동으로
는 괜찮았다. 하지만 단순 취미 생활이었기 때문에 지속성이나 책
임감 없이 활동하다보니 나중에는 먹고 마시는 '의미 없는' 모임이
되어버렸다.

이를 계기로 모임에 관해 진지하게 생각해보았다. 그리고 여러 모임을 경험하면서 나만의 기준을 마련했다. 모임에 가입할 때는 첫째, '색깔'을 본다. 자신이 원하는 모임의 색깔과 분위기가 있을 것이다. 정식으로 가입하기 전에 게스트로 한 번쯤 가보는 것이 좋다. 가입해놓고 후회하는 것보다는 훨씬 안전한 방법이다. 둘째, 일치되는 '화두'가 있는지 본다. 구성원끼리 잘 뭉치고 지속성 있는 모임이 되는 데 중요한 요소다.

지속 가능한 좋은 모임만 선별해서 활동하라

내가 좋아하는 모임은 최고경영자과정에서 파생된 것들이다. 그 중에는 밤늦게까지 먹고 마시며 노는 분위기인 곳도 있다. 이런 모임의 구성원들은 대부분 성공하신 분들로 연세가 지긋하다. 배우는 것도 많지만 젊은 사람 입장에서는 경제적인 부담이 크다. 간혹 같은 CEO임에도 불구하고 나이가 어리다거나 사업 규모가 작다는 이유로 회원을 하대하며 지시하는 경우도 있고, 사업 관련 모임에 나와 사업을 키우려고 하지 않고 즐기기만 하는 분도 있다. 이런 모임에 가면 배우는 것이 별로 없다. 결국 돈 쓰고, 시간 낭비하면서 유흥 쪽으로만 빠질 확률이 높다.

추천하고 싶은 모임은 조찬 모임이다. 저녁에 하는 모임은 식사

후에 술 마시고 시간을 보내면서 늦어지기 마련인데, 술 마시면서 했던 이야기는 나중에 아무 소용이 없다. 하지만 최근의 젊은 사업가들이 마련한 모임은 다르다. 젊은 CEO 모임에 가보면 서로 배우며 성장하기 위해 노력한다는 것을 느낄 수 있다. 서로 대화하면서 아이디어를 얻고, 어떤 이야기를 공유했을 때 행동으로 옮길 방법을 찾아 연구하며 끊임없이 공부하고 정보 공유를 한다.

특히 외식 프랜차이즈 쪽의 모임은 사회 변화와 트렌드를 앞서 가거나 재빠르게 간파해서 즉각 사업에 반영하지 않으면 도태되는 업계 특성상 배움에 대한 욕구가 크다. 모임에서도 해외연수, 정부 지원금을 받을 수 있는 정보 교환, SNS 공부, 부가가치가 높은 식자재 찾기 등 배움에의 욕구가 엄청나다.

외식사업을 잘하려면 알아야 할 일들이 한두 가지가 아니다. 마케팅 공부를 하고, 좋은 식자재와 식품 정보를 알기 위해 발품을 팔고, 가맹점 인테리어를 위한 공부와 함께 인테리어 업체 방문도 해야 한다. 그뿐인가? 직원들을 고용하면서 생기는 문제도 있기 때문에 세무와 노무 관련 법안이 바뀔 때마다 알아둬야 한다. 혼자서 다하려면 어디에서부터 손을 대야 할지 엄두가 안 나는 일들이 많다.

그런데 동종 업종 사업을 하면서 비슷한 경험을 한 사람들이 벤치마킹을 위해 새로운 정보를 공유하다보면 답답했던 문제를 풀만한 힌트를 얻곤 한다. 그래서 모임에서 계속 공부하려는 '지속성'이 생기고, 배움을 좋아하는 사람들만 오기 때문에 자연스럽게 업그레이드된다. 이렇게 서로 대화하면서 새로운 사고방식을 접하고 트렌드를 보는 눈과 감각을 키워간다면 그보다 더 좋은 일이 어디 있겠는가?

그래서 어떤 모임에 가입하려고 생각한다면 우선 지속 가능성을 알아봐야 한다. 기수별로 과정을 모집하고, 수료 후에도 계속 만남이 이뤄지는지 알아보라는 것이다. 과정 수료 후에도 계속 만남이 이뤄진다면 그 모임에 가서 멘토가 될 만한 사람이 있는지, 본인의 사업에 필요한 것이 있는지, 추구하는 방향이 같은지, 또는 사업의 본질에 대한 핵심 내용을 얻을 게 있는지를 명확히 알아야 한다.

나 역시 배우기 좋아하는 젊은 CEO들과 함께 강연에 자주 가다보니 강연자나 저자를 많이 만나게 되었다. 그러다보니 어느 순간 모임 구성원 중 책을 낸 사람들이 지난 오 년 동안 백 명 정도 되었다. 그들과 만나면 자연스럽게 책 이야기를 하고, 책을 많이 읽게 되고, 언젠가는 써야 할 책에 대해 깊이 생각하게 된다.

결국 모임 하나를 하더라도 나를 성장시켜주는 곳을 찾는 게 첫 번째다. 여기서 내가 얼마나 내실 있는 플랫폼을 갖느냐가 결정된다. 사회생활의 첫 단추가 잘 꿰어진 사람들 사이에는 윈윈 관계가 형성되고, 지속적으로 발전의 가지를 치게 된다. 또한 한 명의 좋은 사람 뒤에는 단계별로 여러 명의 좋은 사람들이 있기 마련이다. 한 명의 좋은 사람과 어울리면 여러 명의 좋은 사람들이 넝쿨처럼 따라 들어온다.

그러나 인원이 많은 모임에 간다고 해서 그 모임의 모든 구성원이 나에게 도움이 되거나 나와 친해질 수는 없다. 핵심은 좋은 사람을 만나는 것인데 인성만큼 중요한 것이 없다. 인성이 좋은 분들 사이에 있어야 함께 올바른 길을 걸어갈 수 있다. 마중지봉(麻中之蓬)이라는 말이 있다. 아무렇게나 자라는 쑥도 삼밭에서 자라면 삼처럼 곧게 자란다는 뜻이다. 인성이 좋은 분들 사이에서 있다 보면 스미듯 그분들에게서 배우고 익히게 된다. 사업에서 성공했을 때 기업가정신을 가질 수 있는 훌륭한 마음가짐을 갖게 되고, 자신과 가족들뿐만 아니라 사회적으로 공헌해야 할 역할까지 생각하게 만든다. 그리고 사업만 잘하는 사람, 직원이나 주변 사람들만 잘 챙기는 사람이 아니라 사업과 마음가짐, 가정까지 전체가 두루 건강한 사람들을 위주로 만나기 위해 노력해야 한다. 그러다 보면 모임 구성원들 중에 설사 바람직하지 못한 사람이 섞여 있더라도 결국은 삼밭의 쑥처럼 곧게 변화할 것이라 믿는다.

모임 임원으로 활동하며 일 년 만에 천 명의 인프라를 만들다

누구나 그렇겠지만 나 역시 사람들과의 교류를 위해 모임을 갈 때는 좋은 첫인상을 남기기 위해 노력한다. 첫인상이 좋으면 나중에 하는 행동들도 좋게 해석되는 반면, 첫인상이 나쁜 경우에는 좋은 모습을 여러 번 보여줘야 겨우 좋은 사람으로 인식되기 때문이다.

취미 활동 동호회 몇 군데를 다녀보고 실망한 뒤로 생산적인 모임을 찾다가 '연세대학교 프랜차이즈 최고경영자과정(이하 FCEO)'을 선택했다. FCEO는 주로 최고경영자들이 와서 듣는 수업이었기 때문에 기대가 컸다.

입학식 날, 명단을 보니 누구나 알 만한 프랜차이즈 기업의 최고경영자들이 와 있었다. 그분들이 나와서 축사와 격려사를 하는데 가슴이 두근거렸다. 입학식이 끝나자 신입생들에게 십 분씩 자기소개를 하는 시간이 주어졌다. 무슨 말을 해야 할지 걱정하고 있는데 첫 번째로 나선 사람이 청산유수 같은 말솜씨로 자신의 인생 스토리를 늘어놓는 것이었다. 그걸 지켜보자니 내 순서가 다가올수록 심장이 벌렁거렸다. 내로라하는 사람들의 관심 어린 시선과 엄숙한 분위기에 압도당했다. 커리큘럼을 보고 공부하러 간 건데 시작하기 전에 기에 눌려서 죽을 지경이었다. 돌이켜보면 자신감 부족이었다. 유명한 프랜차이즈 기업가들이 공부하러 모인 자리라고 생각하니 압박감이 몰려왔다. 게다가 나는 상대적으로 나이도 어린 편인데 첫날부터 보험사에 다닌다고 하면 이분들이 편견부터 가질 것 같다는 걱정도 되었다.

"저는 무역중개를 하다가 이러이러한 과정을 거쳐 사업을 매각하고 지금은 보험사에서 일하고 있습니다. 배우고 싶어서 왔습니다. 그리고 남편이 한남동에서 꼬치구이 집을 하고 있어서 최고경영자과정을 공부하고 사업을 더 확장시켜볼까 해서 왔습니다."

대충 이런 내용의 말을 정신없이 하고 자리로 돌아갔다. 그때 내가 얼마나 횡설수설했는지 친해진 후에 사람들이 "낮술 마시고 들어와서 헛소리하는 것 같았다"라고 말했다. 다른 사람들은 말을 또박또박 하는데 횡설수설하더니 얼굴까지 시뻘개져서 자리로 들어갔다는 것이었다. 그렇게 나는 무대공포증과 낮은 자존감으로 그 세계에 입문했다.

첫 인사를 그렇게 했다고 좌절할 수 없는 노릇이었다. 그래서 두 번째 수업부터는 누구보다 가장 먼저 출석했고, FCEO를 세세하게 파악하는 한편, 주임교수인 오세조 교수님께 질문도 많이 하며 분위기 파악을 하려 애썼다.

임원진을 구성하려고 할 때 오세조 교수님께서 "배 대표가 사람들에게 전화해서 나오라고 하면 거부할 사람 없을 것 같으니까 사무차장을 맡는 것이 어떤가?"라고 하셨다. "그런 일은 잘할 수 있을 것 같습니다"라고 대답했더니 교수님께서 바로 강의장을 향해 "배 대표에게 사무차장을 시킬 테니 나오라고 전화하면 다 나올 거지요?" 하고 물으셨다. 그러자 바로 박수가 터져 나왔고, 그렇게 사무차장을 맡았다. 이것이 인간 플랫폼의 출발점이었다.

FCEO의 경우, 초기에는 등록금이 들어가지만 이후에는 연회비만 내면서 지속적인 활동을 하며 성장하고 발전할 수 있는 기회가 주어진다. 프랜차이즈 박람회에 참여하거나, 트렌드 조사나 해외 진출과 관련된 많은 기회가 주어지고, 포럼이나 설명회, 공장 투어 등 자체적으로 그 안에서 기획되는 것들이 많다. 그런 부분들이 좋았기 때문에 이 과정에 등록을 했고, 예상보다 많은 것을 얻을 수 있었다. 더구나 사무차장을 했던 경험이 내게는 큰 도움이 됐다. 그 기회를 거절했다면 오늘의 나는 없었을 것이다.

사무차장을 맡아서 가장 좋았던 점은 모임 구성원들의 기업을 속속들이 알 수 있다는 것이었다. 연락할 일이 있으면 대표님들과 단독으로 대화할 수 있고, 무슨 일이든 사무차장에게 물어보기 때문에 회원들과 빨리 친해질 수 있었다. 행사가 있을 때는 협찬을 받기 위해서 대화를 해야 했고, 그렇게 하다보면 회사 규모도 알 수 있었다. 협찬을 할 때도 기분 좋게 베푸는지, 상품 광고만 하려는 목적인지, 이도 저도 안 하려고 꼼수를 부리는지를 알 수 있었다. 협찬을 받으려고 회사를 방문하다보면 아무래도 관계가 밀접해지기 마련이다.

모임에서 만난 것만으로는 사람들을 다 알 수 없다. 하지만 임원이 되어 개인적인 대화를 하고 회사까지 방문하면 많은 것을 알게 된다. 어떤 사업을 어떻게 하는지 알 수 있고 판의 흐름을 볼 수 있다. 정보가 힘이 되는 세상에서 임원을 맡아서 나름의 파워가 생긴 셈이다. 이런 경험을 바탕으로 어느 모임에 가도 그 판을 읽는 힘이 생겼다.

또한 수많은 인적 네트워크가 생기게 된다. 예를 들어 내가 임원으로 활동했던 FCEO는 19기였다. 한 기수 인원이 오십 명이니까 이십 회까지 수료했을 경우 총동문회 인원이 자그마치 천 명에 이른다. 총동문회 모임에 한 번 가면 대한민국 프랜차이즈 대표를 다 알 수 있다. 지속적으로 활동하는 대표님들이 삼백여 명 있어 지속적 인적 네트워크(플랫폼)도 가질 수 있다.

행사가 있을 때는 대부분 임원들이 데스크에서 행사 진행을 하게 된다. 이름표를 달고 데스크에 있으면 내 이름을 외워두는 사람들이 많다. 봉사하고 있을 때 누군가가 내 이름을 외워두면 항상 봉사하는 사람으로 여겨지게 된다. 자연스럽게 이미지가 좋아지는 것이다. 물론 이렇게 봉사를 하면 몸은 무척 힘들다. 고생해서 준비한 행사인 만큼 행사 당일 사진을 찍어서 남기는 것도 중요하다. 내가 무엇을 했는지 기록으로 남을 뿐만 아니라 나중에 뿌듯한 추억으로 남는다.

이렇게 나는 일 년 만에 천 명의 인프라를 구축했다. 참으로 엄청난 일 아닌가? 물론 이름과 머니쉐프 브랜드까지 잘 아는 분이 백 명 정도라면 나머지 분들은 얼굴 보면 인사하는 정도다. 그래도 다른 자리에서 만났을 때 먼저 아는 척을 해주시곤 한다. 모임에서 꾸준히 봉사해와서 상당한 신뢰를 얻고 있기 때문이다.

일반적으로 여유 있는 사람들은 다른 사람을 평가할 때 서두르지 않고 오래 지켜본다. 때문에 의도한 것은 아니었지만 모임에서 활동하면서 삼 년 동안 영업을 거의 하지 않았다. 그런데 영업에 욕심을 부리지 않으면서 봉사 활동을 했던 것이 다른 분들 눈에 좋아 보인 모양이었다. 오랫동안 지켜보기만 하던 많은 사람들이 나중에 시스템을 갖추니 믿고 업무를 맡겨주셨다. 덕분에 지금과 같은 엄청난 네트워크와 그 네트워크의 결과물을 얻어낼 수 있었다.

후배들이 오는 입학식 날, 사회자가 총동문회 사무차장이라고 소개하면 나는 인사만 한다. 대신 후배들이 자기소개를 할 때 관심 있게 듣고 외부에서 만나면 인사하며 반겨준다. 그러면 나중에 후배들이 기억을 해두었다가 찾아온다. 때문에 다른 모임에 가지 않고 그 자리에만 있어도 후배들이 계속 생긴다. 잘 굴러가는 모임에서 계속적으로 자리를 지키면 내가 굳이 사람들을 만나기 위해 이 모임 저 모임에 돌아다니지 않아도 사람들이 내게로 찾아오기에 자연스러운 플랫폼이 형성될 수밖에 없다.

임팩트 있는 첫인사와 회원들에 대한 메모는 필수다

누구나 사람들 앞에 서서 공포증을 느낀 경험이 있을 것이다. 그렇지만 누구나 좋은 첫인상을 남기고 싶다. 이럴 때 초두효과

(primacy effect) 팁을 활용하면 유용하다.

첫째, 어느 단체나 자리에서든 자기소개를 하거나 강연을 할 때 눈을 마주치고 리액션을 해보라. 눈을 마주치며 그 사람의 말에 공감하고 적절한 반응을 해주는 순간 그 사람은 당신을 기억하게 된다. 자신과 눈을 마주치고 하는 말에 반응을 하면 거리상 떨어져 있더라도 이미 친해졌다는 마음이 든다.

둘째, 각종 모임에서 자기소개나 인사말을 임팩트 있게 하려면 평소에 미리 준비해야 한다. 내 이름을 어떻게 임팩트 있게 소개하고 인지시키는가에 따라 나의 포지션이 달라진다. 모임에 갈 때는 인사말을 두세 가지 이상 준비해두는 것이 좋다. 앞 사람이 내가 준비한 말을 해버릴 수도 있기 때문이다. 위트 있는 유머, 최근의 사회 이슈 등 상황에 따라 적절한 말을 몇 가지 준비해야 한다.

셋째, 자기소개 시간에 너무 영업적인 부분을 어필하면 오히려 역효과가 날 수 있으니 조심해야 한다. 그러면 처음부터 선입견을 심어주어 사람들과 친해지기 힘든 상황을 만들 수도 있다. 반면 단순히 이름만 말하면 존재감 없는 사람으로 지내야 한다. 모임에서 두드러진 활동을 하고 싶고 사람들의 시선을 집중시키려면 자기소개 시간을 최대한 이용해야 한다.

FCEO 입학식에서 있었던 일이다. 어떤 신사분이 오더니 번호를 불러주면서 바로 휴대전화에 입력하라고 했다. 시키는 대로 입력했더니 쿠폰 하나가 날아왔다. 해당 사이트에 가입하면 쿠폰이 가는 사업을 하는 분이었다.

이렇게 하면 그 자리에서 가입하는 사람도 있고 가입하지 않는 사람도 있겠지만 결국 이 사람에게 자신의 정보를 노출하게 된다. 쿠폰이 반가운 사람도 있을지 모르지만 대부분은 자신의 소중한 정보를 부지불식간에 제공하고 말았다는 사실에 찜찜함을 느낀다. 이런 식으로 사업부터 노출하면 많은 사람들이 '저 사람은 영업하러 온 사람인가 보다' 싶어서 첫날부터 마음을 닫아버린다. 아무리 마음이 급해도 첫날부터 비즈니스를 부각하지 않는 게 좋다.

나는 경우에 따라 캐주얼하게, 어떤 때는 격의를 갖춰서 자기소개 멘트를 준비해둔다. 경우에 따라 인간 배명숙에 대해 이야기하는 편이 더 진솔하게 다가갈 수 있다. 내가 하고 있는 비즈니스를 알리는 것은 그다음 일이다. 그다음에 하는 일에 대해 말할 때도 보험업을 한다고 소개하지 않고 기업 리스크 관리사라고 소개한다. 어차피 보험은 리스크 관리를 위한 도구 중 하나일 뿐이다. 리스크 관리는 현장에서 사고 발생 시 사고가 확산되지 않도록 하고 경제적 손실을 최소화하는 데 중점을 둔다. 내가 하는 비즈니스를 말할 경우에는 확실한 매뉴얼을 가지고 이런 역할을 하는 회사라는 것을 각인시킨다. 그러면 내 역할이 필요한 사람에게서 먼저 연락이 오거나 내가 이야기를 꺼냈을 때 긍정적으로 이야기를 풀어나갈 수 있다.

자기소개나 인사말은 모임의 특성에 따라 달라져야 한다. 예전에 격의 없이 친해진 대표님들을 다른 모임에서 만나게 되었다. 서로 영업을 촉진하기 위한 모임이었기 때문에 참석자 삼십 명이 계속 일대일로 면담하는 식이었다. 지그재그로 돌아가면서 한 사람과 오 분씩 대화를 나누었다. 원래 친한 분들이 있어서 아무 생각 없이 반갑게 인사하고 친한 척을 했다. 그러자 자리에 함께 있던 세무사가 조용히 조언을 해주었다.

"이 모임은 처음 만난 사람들과 비즈니스를 하는 자리에요. 아는 분들을 만나서 반갑더라도 처음 만나는 사람처럼 대해야 해요. 친한 것을 드러내면 처음 온 사람은 소외감을 느끼니까요."

여기에서 핵심은 친한 척하든지, 비즈니스 이야기를 하든지, 돌아가는 판을 알아야 한다는 것이다. 그 자리가 어떤 자리냐에 따라서 자기소개 멘트나 건배사, 인사말이 달라져야 한다.

행사를 진행할 때는 모임에 참석한 사람도 소개해야 한다. 행사에 협찬을 한 분이나 임원진은 자신이 추대받는 것을 기대하고 나오는 경우가 많다. 그래서 나는 스마트폰 메모장에 그날 소개할 분의 명칭을 격에 맞게 정확히 메모해둔다. 당황하면 헷갈릴 수 있기 때문이다.

또한 많은 기업들이 법인명과 브랜드가 다른 경우가 종종 있다. 이럴 때는 "우리 모임의 부회장님이시며, ○○기업의 대표이시며, 대표 브랜드 □□로 유명한 기업인이십니다"라고 명확하게 소개해야 한다. 그래야 소개받은 사람과 모임의 포지션이 명확히 소개되는 것이다. 나는 늘 임원진 구성이나 회원들의 구체적인 비즈니스를 명확하게 기억할 수 있도록 '동문 수첩'을 가지고 다닌다.

내가 지금 교수로 활동 중인 GFMP의 정식 명칭은 '중앙대학교 글로벌 외식산업 최고경영자과정'이다. 이렇게 정식 명칭과 직책을 알고 있어야 실수가 없다. 그런데 이 직책이라는 것이 개인 회사 직책이나 단체장으로 소개할 때가 있고, 두 가지를 다 어필해야 할 때도 있다. 활동이 아주 많은 분들은 직책을 줄줄 읽어야 한다.

사업가들은 자신의 이름 외에도 숱한 명칭을 가지고 있다. 나만 해도 '배명숙'이라는 이름도 있지만 머니쉐프 대표이사, 한미 중견기업인(KABLF) 모임의 사무국장, 중앙대학교 교수, 기업 리스크 관리사, 푸드얍 이사 등등 몇 개의 타이틀을 가지고 있다. 이 명칭과 직함들은 적절한 장소에서 적절하게 불려야 한다.

회식을 할 때도 마찬가지다. 자신을 각인시킬 만한 센스 있는 건배사를 미리 준비해보자. 예전에는 건배사를 다운받거나 인터넷에서 인기 있는 건배사를 검색해서 사용하기도 했다. 예를 들어 "사이다(사랑합니다. 이 생명 다 바쳐)", "우아미(우리의 아름다운 미래를 위하여)" 등의 건배사를 외치면 모두들 좋아하고 다음에 써먹어야겠다며 스마트폰에 적어두기도 했다. 하지만 요즘은 센스 있는 건배사가 많아서 어지간해서는 사람들이 기억조차 못한다. 인터넷에서 검색한 건배사가 남들이 모두 아는 식상한 것일 수도 있다. 중요한 것은 진심을 담아 센스 있게 하는 것이다.

누구나 상대방이 나를 알아봐줄 때 그 사람에게 친근감과 고마운 마음이 생긴다. 하지만 여러 번 만나고도 상황이나 이름을 기억하지 못하는 사람들도 있다. 그런 사람에게 호감이나 함께 일하고 싶은 마음이 생길까?

모임의 신입회원이 됐을 때 인상적인 자기소개를 해서 사람들 기억에 남는 것도 중요하지만, 자기소개를 하는 사람을 잘 기억하는 것도 중요하다. 성공적인 인간관계를 가진 사람들을 보면 다른 사람을 소개받을 때 그를 기억하는 나름의 노하우가 있다.

예를 들어, 신입생들이 오십 명 입학해 자기소개를 한다고 치자. 대부분의 사람들은 그저 앉아서 오십 명의 소개를 듣고 인상적인 사람만 기억하고 나머지 대부분의 사람들은 잊어버리고 만다. 알파고가 아닌 이상 오십 명의 신상을 한꺼번에 입력하기는 불가능하기 때문이다.

그런데 회장님들이 후배들의 자기소개를 듣는 모습을 보니 왜 그분들이 성공했는지를 짐작할 수 있었다. 마치 학생들 한 명 한 명에게 점수를 매기는 면접관처럼 한 명 한 명 자기소개를 할 때마다 이야기를 들으면서 키워드를 기록하는 것이었다. 그 사람의 이름과 인상착의, 특징, 이야기 내용 등을 메모해두고, 나중에 그때의 메모를 보고 이야기를 나누면 호감도가 더욱 올라가고 오래 기억되는 관계가 형성될 수 있다.

'임팩트 있는 소개'의 기본은 사람들에게 좋은 기억을 각인시키는 것이며, 메모를 꼭 해야 하는 이유는 '상대에 대한 배려가 제일 중요하기 때문이라는 것'을 잊지 말자.

스마트한 임원진이 스마트한 플랫폼을 만든다

어떤 모임에서든 회장이 직접 움직이며 하는 일은 많지 않다. 회장이 개회사나 축사 등을 준비하고 모임 지원비를 받아 오면 임원들이 협심해서 모임을 운영한다. 실무를 책임지는 임원진들은 기본적으로 봉사 정신을 갖고 있어야 한다. 임원진을 구성할 때는 일할 수 있고, 일할 여건이 되고, 일할 능력이 있는 사람들을 잘 뽑아야 한다.

요즘 모임들은 대부분 전 회원이 한 명씩 돌아가면서 간부를 맡게 한다. 모두가 소외되지 않고 모임의 운영에 관심을 갖도록 하기 위함이다. 돌아가면서 임원을 하는 경우가 아니라면 시간적인 여유가 있는 사람이 임원을 맡는다. 임원을 맡는 사람들의 구성도 기업가, 금융가, 회계사 등 다양한 분야의 사람들이 섞이게 하는 것이 좋다.

그래서 기수 구성원들을 모집할 때는 알게 모르게 다양한 직업군으로 구성하기 위해 상당히 노력한다. 구성원들의 기업에 재무 관련 문제가 생기거나 법적인 문제가 생겼을 때 기수 모임 내에서 구성원들끼리 서로 조언해주고 협력할 수 있게 하기 위해서다. 그래서 간혹 입학 신청을 받을 때 센스 있는 기관에서는 중복되지 않도록 조정을 한다. 변호사나 회계사의 경우 한 기수에 한 명씩 중복되지 않게 배정하는 것이 좋다.

모임을 스마트하게 운영하려면 다양한 모임에서 많은 경험을 쌓은 사람을 임원으로 뽑아야 한다. 또한 임원들이 스마트폰을 잘 다뤄야 한다. 예전에는 문자만 잘 보내면 됐지만 요즘은 카카오톡 단체방이나 밴드, 페이스북 등 다양한 SNS를 활용하기 때문에 각 매체에 모임 활동을 홍보하고 사진을 올려줘야 한다. 홈페이지나 SNS 관리도 하고, 자체적으로 방문할 곳이나 탐방할 곳, 함께 교육받을 곳 등을 찾아내어 공지문을 올려 회원들에게 잘 알려주어야 한다. 모임 후에는 사진이나 영상을 편집해서 모임의 역사를 회원들에게 보여주고, 애경사까지 이벤트화해서 모임을 촉진해줄 수 있어야 한다.

아이디어가 톡톡 튀는 스마트한 사람들이 임원진이 되어 모임을 이끌면 모임이 잘 지속된다. 결국 이 모임이 플랫폼이 되며 이 스마트한 사람들이 플랫포머가 되는 것이다! 플랫폼을 지속 가능하게 만들어주는 것이 임원진의 가장 중요한 미션이자 역할이다. 그런데 임원진이 그 역할을 제대로 못 해내서 활성화되지 않으면 사람들은 더 이상 플랫폼에 오지 않게 된다. 모임에서 얻을 수 있는 것이 없으면 구성원의 활동이 줄어들고 그 플랫폼은 수명을 다한다. 따라서 모임에서 임원진을 어떤 사람들로 구성하는가는 모임의 존속 여부와 직결된 중요한 일이다.

또한 임원들은 사람들 간의 갈등도 잘 조절할 수 있어야 하며, 행사가 있을 때 기획과 실행, 마무리까지 잘 해낼 수 있는 능력도 겸비해야 한다. 과장하자면 팔방미인의 자질이 필요하다고 할까? 모든 사람이 슈퍼맨이나 슈퍼우먼이 아니기에 자신을 도와줄 인맥도 많고, 그들의 도움을 최대한 끌어낼 수 있는 사람이 임원이 되는 것이 좋다.

작업 수행 능력과 봉사 정신을 갖추고 있지 않은 임원은 지쳐 떨어지기 쉽다. 그러니 임원들의 희생으로 모임이 잘 유지되는 것에 대해 다른 구성원들은 모두 고마운 마음을 가져야 한다. 그들 덕분에 구성원들의 플랫폼이 플랫폼으로서의 기능을 유지하고 있기 때문이다.

독자적인 브랜드 네임을 만들어 차별화하라

애플, 구글, 삼성, 마이크로소프트, 페이스북, 도요타, 아마존……. 우리 주변에는 이름만 들어도 어떤 상품을 판매하고, 제품 이미지와 성능이 어떠한지를 떠올릴 수 있는 많은 브랜드가 있다. 즉, 브랜드 이미지가 좋으면 그 자체만으로도 제품가치가 높아진다.

요즘은 인터넷이나 모바일을 통해 제품을 구매한다. 이런 때에 브랜드 네이밍(naming)을 잘해두지 않으면 좋은 서비스나 제품을 갖춰도 소비자에게 '제대로' 평가받을 기회조차 얻지 못하고 외면당할 수 있다. 소비자의 선택을 받기 위해서는 전략적으로 브랜드화하고 네이밍을 해야 한다.

　앞에서 언급한 대기업들처럼 예전부터 브랜드의 중요성을 인식하고 신경 쓰는 기업이 있는 반면, 아직도 브랜드화의 중요성을 인식하지 못하고 있는 기업이 있다. 자신이 판매하는 제품이나 서비스에 이목을 집중시키려면 브랜드 네임에 전달하고자 하는 이미지와 감성을 시각적으로 집어넣어야 한다. 네이밍은 판매하는 제품에 이름을 붙이는 것만이 아니라 이름에 고객들이 공감하고 호감을 가지도록 하는 작업이다. 상품의 가치를 제대로 전달하고 사람들의 마음을 움직여서 상품에 대한 관심을 갖고 결국은 상품을 구매하도록 만드는 것이다.

　나 역시 보통의 보험설계사에 머무르지 않고 스스로 브랜드화해야 한다는 생각을 가지고 있었다. 하지만 브랜드 네이밍이 생각처럼 쉬운 작업은 아니기 때문에 어떤 이름을 지어야 하나 고민하면서 삼 년이 지나갔다. 그때 우연한 기회를 통해 '한국브랜드마케팅연구소' 박재현 대표님의 강의를 들었다. 이분은 LG 에어컨 '휘센', SK 엔진오일 'ZIC', 청정원 '카레여왕', 일동후디스 분유 '트루맘', CJ 디저트 '쁘띠첼' 등 수많은 신제품의 이름을 만들어냈다. 게다가 NHN(네이버), SK이노베이션, AhnLab(안철수연구소) 등 회사명을 독자적인 가치를 지닌 브랜드로 만들어내기도 했다.

　박 대표님에게 들은 첫 강의 주제가 '템테이션(temptation)'이었다. "꿈을 기록하고 이미지로 만들어라", "무의식적으로 의식하게 만들어라", "멋있는 브랜드는 늙지 않는다" 등의 말들이 매혹적으로 다가왔고, 어떻게든 이분에게서 브랜드명을 받아야겠다는 욕심이 생겼다.

하지만 수많은 기업 대표들이 이분을 만나기 위해서 공손히 예의를 갖추고는 쉬는 시간마다 인사를 나누려 기다리고 있었다. 나는 어떻게 어필할까 고민하다가 다른 분들과 다르게 나가기로 했다. 강의에서 "무의식적으로 의식하게 만들어라"라고 하셨으니 배운 대로 그분이 나를 의식하게 해야겠다는 판단을 했다. 그래서 다른 분들처럼 과도하게 예의를 갖추며 다가가지 않고 의외라는 생각이 들 정도의 전략을 구상해서 다가갔다.

평소에 존경하는 회장님의 업무 제의조차 매몰차게 거절하는 모습을 보고 명함을 꺼냈다가 다시 내 자리로 돌아왔다. 수업이 끝나자 그분의 명함을 먼저 받고 "저희 집 근처에 사무실이 있네요"라고 했다. 그랬더니 "명함을 받았으면 주셔야죠?" 하신다. "제 명함 받고 싶으세요? 기다리세요. 카톡으로 쏴 드릴게요."라고 대답하고는 일주일 이내로 연락을 드릴 테니 기다리시라고 했다. 대표님은 '얘, 뭐야'라는 표정으로 황당해했다. 세게 나간 김에 계속 세게 나갔다. "궁금하시겠지만 기다리세요"라고 했더니 강의를 하면서도 계속 나를 의식하며 보시는 듯했다.

강의가 끝나고는 뒤도 돌아보지 않고 카카오톡으로 "조만간 연락드리겠습니다"라는 메시지만 보내고는 집으로 가버렸다. 그리고 일주일 후에 도끼를 그려서 이모티콘을 보냈다. "헉" 하고 회신하시길래 "대표님은 제게 찍혔어요. 앞으로 제 브랜드 만들어줄 때까지 교수님이 하시는 강의 다 듣겠습니다" 하고 말씀드리고 청강을 시작했다.

이분은 연세대뿐만 아니라 표준협회, 한국광고연구원, 산업정책연구원(IPS), 고려대, 연세대, 이화여대, 경희대 등 여러 곳에서 브랜드 마케팅 강의를 하셨다. 그 강의들을 삼 개월 동안 따라다니며 들었다. 당연히 강의 때마다 신경 쓰이고 눈에 띌 수밖에 없었다. 강의를 열심히 따라다니면서 들었더니 조금은 대견하게 생각하는 눈치셨다.

그러던 어느 날, 함께 점심 식사를 하자고 해서 자리에 앉자마자 "제 브랜드 이름은 지으셨나요?" 했더니 "살다 살다 너 같은 캐릭터는 처음 봤다. 너는 사람을 계속 집중시킬 줄 안다. 다른 사람들과 있을 때는 굉장히 깍듯한데 나한테는 왜 그렇게 험하게 하니?" 라고 하셨다. "제가 그렇게 안 했으면 저를 기억이나 하셨겠어요?" 했더니, "너는 어디다 갖다놔도 물건 되겠다"라고 하시면서 자체적으로 매력을 발산하는 사람에 대해 이야기하셨다. 예뻐서가 아니라 상대에 맞게 먼저 매력을 발산해야 시선이 간다고 하셨다. 눈빛, 입꼬리, 미소, 말하는 것, 행동으로 관심을 갖게 하는 것이 중요하다는 말이었다. 그 이후 만나고 싶었던 기업 대표님에게 나를 추천도 해주셨다.

강의마다 따라다니는 것은 부담스럽다고 하시더니, "이제 귀엽게 봐주는 것도 여기까지니까 그만 와라" 하셨다. 그리고 "머니쉐프, 머니큐레이션, 둘 중 하나 골라라" 하셨다. 삼 개월간의 행보가 빛을 발한 순간이었다. 나는 바로 "머니쉐프로 할 거예요. 서비스권 바로 등록해서 보여드릴게요"라고 말씀드리고 긴 수업을 마무리했다.

그때가 2012년이었다. 그 후부터 각종 모임에서 "머니쉐프 배명숙입니다" 하고 나의 브랜드를 소개하기 시작했다. '머니쉐프 배대표'라는 명칭을 명확하게 사용하면서 사업 브랜드가 생겼고, 그로 인해 파생되는 이미지를 내 것으로 만들 수 있었다.

그동안 브랜드에 관해 집중적으로 배워왔기에, '머니쉐프'라는 브랜드명을 얻고 난 후 내 사업에서 파생되어 나갈 수 있는 것을 다 등록해야겠다 싶어서 '머니닥터', '머니캐디' 등의 상표등록을 했다. 아이디어가 떠오르면 무조건 등록한 것이다.

그런데 머니쉐프라는 이름이 인터넷에 노출되고 SNS에서 떠돌다보니 유사상표들이 등장했다. 부산, 대구 등 다른 지역에서까지 머니쉐프를 검색하면 자신들 사이트가 나오게 사용하고 있었다. 만일 상표권 등록 작업을 해놓지 않았더라면 꼼짝없이 당할 상황이었다. 그래서 그 사람들에게 머니쉐프라는 이름으로 교육, 외식, 컨설팅 사업까지 모든 것을 하려고 영문과 한글로 상표등록을 해놓은 서비스권 등록증을 보냈다. 그리고 검색해서 나오는 블로그나 카페의 유사상표 역시 정리하라고 통고했다. 서비스권 등록증을 카카오톡으로 보내면서, "계속 이렇게 하시면 법무팀에서 연락을 할 것이다. 사전에 내려주시고 사용을 자제해주었으면 좋겠다. 그렇지 않으면 법적 조치를 취하겠다"라고 했더니 일제히 자신들이 사용했던 상표를 내리면서 깨끗하게 정리가 되었다.

자신의 상표권이 침해당하거나 도용됐을 때 전화로 간편하게 분쟁을 해결하려면 상표권을 등록해야 한다. 변리사를 고용하지 않고 본인이 직접 등록 가능한 시스템이 마련되어 있고, 비용도 더 저렴하다. 또한 사업 분류가 달라질 때마다 상표등록이 하나씩 추가된다. 상표는 한글과 영문으로 등록하면 된다. 예컨대 머니쉐프로 보험업, 교육업, 외식업을 할 것을 대비해서 세 개의 상표를 한글 및 영문으로 하고 사업 분류까지 더해 총 여섯 개를 등록하면 된다. 물론 이것으로 해외에 진출해 사업을 하려면 해외에도 상표 등록을 해야 한다. 해외 등록을 하지 않은 프랜차이즈 기업들 중에 상표권 문제로 진출이 무산되는 경우까지 있다.

상표등록은 어려운 것이 아니다. 변리사에게 전화해서 물어보거나 방문해서 의뢰해도 되지만 혼자서도 얼마든지 인터넷을 이용해서 상표등록을 할 수 있다. 등록하고 싶은 상표가 있으면 먼저 네이버 등 포털사이트에 들어가서 검색창에 '상표등록 검색'을 쳐보면 된다. 그러면 내가 등록하고자 하는 상표가 등록이 되어 있는지, 출원 중인지, 등록이 되어 있으면 누가 언제 등록했는지도 볼 수 있다.

등록이 되어 있지 않으면 '상표권 등록'을 하면 되는데 몇 가지 주의점이 있다. 우선 명사와 명사를 결합하면 등록이 되지 않는다. 그 앞에 자신의 이름을 넣거나 신조어를 만드는 것이 좋다. 상호만 들어가는 것이 아니라 거기에는 심벌 형태의 문양이 꼭 들어가야 한다. 상표 앞에 디자인된 로고, 사진, 심벌 등이 들어가면 통과될 가능성이 커진다.

지금은 인터넷에서 개별적으로 등록할 수 있는데 아이디어가 떠오르는 순간 이미지를 같이 넣어야 한다. 나는 뭔가 생각나면 디자이너에게 문구부터 던진 다음 변리사에게 물어본다. 디자인을 미리 준비해두지 못했거나 디자인에 자신 없는 경우라면 전문적인 디자이너를 찾으면 된다. 프로페셔널하지 않더라도 처음 사업을 시작할 때 일단 등록부터 해놓고 봐야 한다. 많은 돈을 주고 작업할 수 없다면 간단한 문양이라도 넣어 브랜드 출헌을 하는 것이 좋다.

국가 간 장벽이 없어진 지금은 해외 상표권 등록에도 신경 써야 한다. 요즘은 중국이나 미국에서 온 사람들이 우리나라 간판을 사진으로 찍은 다음 자신들의 나라에 돌아가서 영문으로 등록을 해버리는 경우가 심심찮게 있다. 상표권은 철저하게 먼저 등록한 사람을 보호하기 때문에 일단 상표등록을 해버리면 그야말로 게임오버인 상태가 된다. 그렇게 상표권을 등록한 다음 적반하장 격으로 돈을 받고 원래 상표권자에게 상표를 팔거나 현지에서 사업을 하려는 사람들에게 파는 이들도 있다.

최근 모 기업도 이런 수법에 당해서 큰 손해를 보았다. 해외 진출을 위해 LA에 가맹점을 내게 되었는데 가맹점주인 재미교포가 이 기업의 상표 그대로 미국에서 자신의 이름으로 등록한 것이다. 그래서 미국에 본격적으로 진출하려는 순간 미국 가맹점에서 등록한 것의 권리가 인정되어 진출도 못하고 사업의 끝을 보게 되었다.

사업이 노출돼서 누가 도용하기라도 하면 끝이다. 이럴 경우 브랜드 자체를 다시 만들어야 한다. 손해가 이만 저만이 아닐 테니 사전에 철저한 안전장치가 필요하다. 이것이 비즈니스 플랫폼의 핵심 안전장치다.

서로의 플랫폼을 확장시켜주는 파트너의 중요성

내가 보험 일을 시작한 것은 보험에 가입한 덕분에 가족들이 경제적인 위기에서 벗어날 수 있었기 때문이다. 그래서 한일 무역중개회사를 매각한 후에는 다른 일보다 의미 있고 금융과 관련된 보험설계사 일을 선택했던 것이다. 가족들은 내가 이 일을 선택한 것을 무척 좋아했지만 사회적인 편견 때문에 너무 힘들었다.

보험은 제대로 활용하면 가입자와 그 가족에게 굉장한 도움을 준다. 가족들이 감당할 수 없는 금전적인 부분을 보장해주기 때문이다. 분명 가입자에게 좋은 상품인데도 불구하고, 우리나라에서는 보험을 가입할 때 '보험 하나 들어달라'는 식으로 계약할 때가 많아서 필요성에 대한 인식 없이 가입했다가 해약하는 경우가 잦다. 그래서 유지율이 낮은 것은 물론, 이런 방식의 계약은 결국 환수로 돌아와 보험설계사에게도 좋지 않다. 에너지와 시간, 돈을 들여서 계약했는데 해지해버리면 수당이 환수되고, 유지율도 낮아져서 다른 계약수수료에도 영향을 주기에 보험설계사에게도 이런 방식의 영업은 '양날의 검'인 셈이다.

보험에 대한 사회적인 편견 때문에 삼 년 차가 되었을 때 과연 보험설계 일을 계속해야 하는지 많은 고민을 했다. 나는 보험이라는 상품의 원래 취지를 살리되, 사업자들의 리스크를 줄이는 일부터 시작해야겠다는 생각이 들었다. 특히 내겐 '고객에게 의미 있는 사람이 되는 것'이 중요했다. 어려운 일이 닥쳤을 때 보장을 잘 받을 수 있도록 안전장치를 마련해주고, 실제로 고객이 다치거나 사망했을 때 고객과의 이야기를 떠올리고, 고인의 뜻을 잘 전달하기 위해서다.

그런데 우리나라는 미국처럼 변호사나 회계사가 고객에게 필요한 모든 것을 해줄 수 있도록 서류 작업 절차가 제대로 정착된 나라가 아니다. 그래서 더 공부가 필요하다고 생각하고는 최고경영자과정에 들어갔다.

머니쉐프라는 브랜드 네임이 완성된 후에 내가 공부하면서 터득한 것들을 보험사마다 다니면서 강의를 해주고 싶었다. 하지만 각 보험사 대표들은 해당 브랜드 판매 전담 설계사를 확보해야 하기 때문에 다양한 브랜드를 비교해서 설명해주는 것을 꺼린다. 강의를 듣게 되면 단일(單一) 브랜드 설계사가 아닌 다(多) 브랜드 설계사로 전환하기 때문이다. 그러나 보험회사 직원이 한 가지 브랜드만 가지고 고객을 만나면 제대로 된 상품을 제안할 수 없다. 그 기업인과 기업의 라이프 사이클과 업종을 보고 적합한 상품들을 비교해주기보다는 해당 브랜드 상품만 권유할 수밖에 없기 때문이다. 고객의 이익이 먼저지 어떻게 자기 것(회사)만을 강요하겠다는 것인지 의문이었다.

보험설계사는 생명보험협회 기준 스물네 개 보험사와 손해보험협회 기준 열일곱 개 보험사의 법률 지식도 알고 기업고객에게 가장 유리한 상품을 분석 후 추천해줘야 한다. 하지만 현재 한국에서 생명보험 설계사로 이십 년 넘게 근무한 사람(FP: Financial Planner)들도 손해보험사의 상품을 제대로 알지 못한다. 재물보험에 가입된 보험증서를 해석할 줄 모르는 FP들이 많다는 것은 충격적이지만 현실이다. 이처럼 생명보험사와 손해보험사 두 곳을 제대로 알고 일하는 전문적인 FP는 많지 않다.

예를 들어, 아파트를 매매할 때 우리는 같은 평수라도 가족 구성의 라이프 스타일에 맞는 구조를 선택한다. 당연히 기업의 업종과 규모에 따라서도 필요한 보험이 다르다. 기업에 맞는 보험을 분석해서 제안해주는 일이 머니쉐프의 기본이다. 또한 발생 가능한 사고에 대한 대응 교육도 더불어 해줘야 한다. 그러려면 전체 보험사의 상품을 비교 분석해주는 것은 필수다.

지금이야 1인 GA(General Agency: 1인 보험 브랜드로 서른두 개 회사 보험 상품을 혼자 판매할 수 있는 대리점) 브랜드를 갖추고 계약을 넣으면 되니까 회사 전반적인 것을 분석해서 상품을 제안할 수 있지만 초기에는 그게 힘든 환경이었다. 그러다보니 삼 년 동안 혼자 고군분투할 수밖에 없었다. 더구나 그 사이에 개인적으로 감정이 안 좋아진 고객이 나와 사이가 틀어지자 마치 내가 보험을 강매한 것처럼 항의하는 일이 생겼다. 억울한 일을 겪다보니 허무한 생각에 일을 그만두고만 싶었다. 하지만 생각해보면 백 퍼센트 완벽한 일은 없다. 보험 가입을 백 건 받았으면 그중 한두 건은 사고가 터지기 마련이다. 그런데 막상 그런 일이 생기니 회의감이 들었고, 사회 편견과 인식을 변화시키는 게 너무 힘들었다.

게다가 나는 내 돈을 들여서라도 배우면서 일했는데 나처럼 일할 사람은 없었다. 사실 이 일을 배우려면 삼 개월이면 되는데 나와 같은 생각을 하고 배우는 시간을 투자하려는 설계사가 없어 고민이었다. 그래서 많은 사람들에게 나의 노하우를 풀어버릴까 하는 고민도 했다. 하지만 오픈해도 함께하려는 사람들이 많지 않았다. 화재보험은 보장금액만 가입하면 보험료가 낮아서 계약수수료로 활동비도 나오지 않기 때문이다. 그 몇 만 원을 설계사가 다 가져도 수익이 나지 않는데 사고가 날 때마다 관리까지 해주는 것은 결코 쉬운 일이 아니다. 하지만 그런 현실을 초월하지 않으면 이 일을 할 수가 없었다.

그때 만난 사람이 박선영 실장님이었다. 동대문에서 옷 장사를 하다가 밤낮이 바뀌니 힘들어서 갑의 입장에서 사명감을 갖고 일하고 싶다고 이 분야로 들어온 분이었다. "목표한 영업이 이루어질 때까지 정상적인 급여를 줄 수 없다"라고 했는데도 자신을 훈련시켜 달라고 했다.

그런데 처음 하는 일이라서 실수가 잦을 수밖에 없었다. 실수를 하면 할수록 만회하기 위해 더 열심히 하는 사람이 있고 포기해버리는 사람이 있다. 그런데 이분은 오기를 가지고 더욱 덤벼드는 스타일이었다. 게다가 보험약관 인수 규정을 보는데 하나를 끝까지 파고드는 기질이 있었다. 사고가 났을 때 발생할 수 있는 일들에 대해 하루 종일 약관을 붙들고 연구를 했다.

나는 약관을 법률적으로 연구하는 것이 성미에 맞지 않는데 내게 없는 것들이 이 사람에게 있었다. 삼 년 동안 자기가 한 약속을 지키면서 한 우물을 파는 사람이 없었다. 처음에는 약관을 파더니, 나중에는 강의를 하겠다고 주말에 강사과정을 밟았다. 내가 강사과정을 마치고 강의를 잘하게 된 것처럼, 실장님도 실전 강의를 하게 되었다. 과거의 실수 사례들을 체크해 세워둔 전략에, 그녀의 파고드는 기질이 더해지자 우리 두 사람이 서로 잘 맞춰 무슨 일이든 할 수 있게 됐다.

블랙컨슈머로 인해 브랜드 이미지를 훼손당하는 기업들이 상당히 많다. 음식점에 가서 생긴 문제를 고객들이 바로 인터넷상에 고발해버리는 것이다. 그러면 해당 기업은 이미지가 훼손되고, 때로는 그것이 기업의 존폐마저 흔들리게 한다. 나는 그런 문제가 생기는 이유가 현장에 있다고 판단했고, 교육을 통해 직원들의 의식구조를 바꾸면 해결될 것이라 생각했다. 그래서 기업 리스크 관련 교육을 한다고 하면 기업에서 반길 줄 알았다. 그런데 교육을 원하는 기업이 많지 않았다. 그래도 몇몇 원하는 기업들을 선정해서 직원들까지 교육했고, 관리 시스템을 구축해주었다. 그 기업들이 지금은 소중한 고객사가 되었다.

지금은 외식 프랜차이즈 리스크 관리사로 확실히 자리를 잡았다. 포기하고 싶은 절체절명의 순간마다 아무런 해답도 얻지 못했다면 계속 고민만 하다가 포기했을지도 모른다. 다행히 포기하려던 때에 보험에 교육을 접목하겠다는 꿈을 지지해주는 동지를 얻었고, 그 덕분에 초심을 잃지 않고 지금의 '머니쉐프'가 탄생할 수 있었다.

"벼랑 끝에 있을 때 진정한 친구가 누구인지 알게 된다"는 옛말은 결코 틀린 말이 아니었다. 이렇게 무언가를 만들기까지는 힘든 순간들이 닥친다. 하지만 절실히 원하면 분명히 나의 플랫폼을 확장시켜주는 것은 물론, 서로의 플랫폼을 확장시켜주는 파트너가 생긴다고 믿는다.

아무리 작은 비즈니스라도 시작부터 하라

나는 보험 일을 시작하면서 외식 프랜차이즈 공부를 같이 시작했다. 일찍 사업을 시작해 시행착오를 겪으면서 이론이 부족해 사업을 성공시키지 못하는 게 아닌가 싶었기 때문이다. 그러던 차에 외식업계 사람들을 만나서 '맛집'이 사업을 키워서 외식업체가 되고 외식 프랜차이즈로 발전하는 것을 보고 실전 중심의 공부를 하게 되었다.

일단 이 부분에 대해 더 알고 사업을 시작해야겠다 싶어서 교육기관을 알아봤다. 그 당시에는 외식 프랜차이즈 교육 프로그램 과정이 성균관대학교와 연세대학교에 있었다.

성균관대학교는 대부분 실무자들이 와서 프로젝트 형태로 공부하고, 연세대학교는 주로 CEO들이 교육받으러 온다는 것을 알게 되어 연세대학교를 선택했다. 특히 CEO들의 응집력과 네트워크가 무척 좋았기 때문에 자연스럽게 많은 사람들과 소통하게 되었다. FCEO의 사무차장이 되어 총동문 임원진 회의에 갔더니, 이름만 대면 알 만한 분들이 위원들이었기에 이름과 얼굴을 매칭하기

바빴다. 그도 그럴 것이 그 모임 인원이 당시 육백 명이었고, 현재는 천 명이 넘는다.

그런데 이 육백 명이 인사만 할 뿐 서로 잘 알 수 없었다. 동문회 홈페이지도 없는 상황이었다. 어떤 도움을 줄지 찾아보다가 다른 분들이 못한 일을 해야겠다 싶었다. 그래서 원우 수첩을 찾아봤더니 스마트폰 홈페이지를 만드는 분이 계셨다. 바로 전화해서 홈페이지 제작을 요청드렸다.

"대표님 회사에서 우리 동문들을 위해 재능기부한다고 생각하고 어플리케이션 하나 만들어주시면 안 될까요? 어떤 일을 하는 원우인지는 물론 우리 모임의 참석률과 협찬, 기여도를 한 번에 알 수 있도록 만들어주셨으면 좋겠어요."

그랬더니 흔쾌히 해주신다고 했다. 서로 딱 좋은 조건이 된 것이다. 동문회 측은 이런 일을 돈 안 들이고 해서 좋고, 그쪽에서는 늘 하던 일을 동문에게 알릴 수 있어서 좋았던 것이다. 이렇게 매칭만 잘하면 돈 없이도 서로 윈윈하는 구조를 만들어서 인정받으며 좋은 일을 함께할 수 있다.

나는 연세대학교 FCEO에서 많은 것을 공부하고 멋진 사람들을 만났다. 하지만 거기에서 멈추지 않고 해마다 한 곳씩 최고경영자과정에서 공부했고, 총 다섯 군데 정도를 더 다녔다. 연세대학교에서 임원 활동을 하면서 사회를 보는 일이 많아져 건국대학교 스피치 과정에도 갔다. 사람들 앞에만 서면 덜덜 떨면서 말을 못했기 때문에 배워서 극복하려고 한 것이다.

또한 공부를 하면 할수록 외식에 대해 더 알고 싶어졌다. 프랜차이즈 기업 중 육칠십 퍼센트가 외식업을 하는데 세상의 모든 일은 프랜차이즈로 할 수 있다는 것을 깨달았다.

외식인의 교과서라고 할 수 있는 《월간 식당》을 보니 외식업에 종사하시는 분들이 공부하는 전 과정이 한 곳에 모여서 진행되고 있었다. 나는 최고경영자들이 심층적으로 공부하는 한국외식산업경영연구원에서 심화 CEO 과정을 들었다. 그때부터 해외연수도 주도적으로 다녔다. 해외연수에 같이 갔던 분들은 대부분 외식업체 CEO들이었다. 그렇게 오 년 동안 공부하고 해외연수 다니고 하면서 한국 브랜드를 외국에 진출시키는 매개체 역할도 하게 된 것이다.

또한 신규 사업 트렌드에 관심을 가지고서 1인 간편식을 소셜 커머스 사이트에서 판매하는 푸드앱이라는 회사에 투자했고, 드디어 외식사업을 하는 기업인이 되었다. 푸드앱은 1인 가구가 손쉽게 조리해 먹을 수 있는 음식을 전문적으로 취급, 프랜차이즈 브랜드별로 판매하는 온라인 유통회사다. 요식업 쪽은 브랜드가 없으면 신뢰가 떨어지고 믿음이 잘 가지 않는데 검증된 외식 프랜차이즈 기업의 브랜드만 기획하고 만들어서 소셜 커머스 사이트에서 판매하는 사업을 시작했다. 이것으로 단기간에 매출을 많이 올리면서 회사의 틀을 갖춘 것이다.

사람들은 내가 지금 하고 있는 사업이 무엇인지 헷갈려 한다. 나는 외식 프랜차이즈 전문 보험 '머니쉐프' 대표이며, 해외 진출을 위한 글로벌 외식산업 중개자로 중앙대학교 GFMP 교수, 온라인에서 간편식을 손쉽게 구매할 수 있는 '푸드얍'의 최대주주이자 자문, 이렇게 세 가지 직업을 가진 사람이다. 한 가지 일을 하다가 다양한 공부와 경험을 통해 정보를 얻고, 그 정보가 미래 사업에 대한 통찰력을 주었기에 하나에서 파생된 세 가지 사업을 동시에 할 수 있게 된 것이다. 푸드얍, 머니쉐프는 총괄로 업무를 리딩(leading)하는 임원을 배정해서 일종의 자문만 하면 되는 시스템이다. 이제는 중앙대학교를 중심으로 수업하면서 해외 진출에 관련된 일을 진행하는 것이 내 주요 업무다.

앞으로의 행보는 또 어떻게 바뀔지 모른다. 언제나 새로운 사람들을 만나고 새로운 이야기를 하고 소통하면서 해외연수를 다니다 보면 비즈니스 아이디어가 떠오르고 또 다른 사업을 더 하게 될 수도 있다. 어떻게 보면 지금 나는 비즈니스 플래너 같다. 비즈니스 플래너로 내 사업을 시작하기도 했고, 앞으로도 비즈니스 플래너로서 다른 사람을 코칭해주고 싶다. 사업에 필요한 사람을 연결해주고 그 사업을 잘할 수 있게 해주는 인간 플랫폼 역할을 했으면 한다.

내가 보험만 생각하고 보험만 팔았다면 여전히 보험설계사 일만 하고 있을 것이다. 물론 처음부터 비즈니스 플래너가 되려고 하지는 않았다. 그런데 기업의 리스크를 줄여주려고 하다보니 전반적인 비즈니스 플랜을 짜줄 수 있을 정도로 공부를 해야겠다는 필요성을 느꼈다. 경험과 이론이 쌓이면서 프랜차이즈 기업을 통해 동시다발적으로 여러 가지 비즈니스가 발생하고 이뤄졌다. 결국은 소통과 신뢰에서 나온 결과다. 기업인들과 가까워지고 깊이 있는 이야기를 하게 되면서 단순 고객사가 아니라 사람에 대해 알고 믿음이 생기니까 어떤 것을 해도 되는 상황으로 흐름이 이어졌다.

요즘은 내 일을 하면서 만나는 모든 사람들이 비즈니스 플래너가 될 수 있고, 플랫폼도 될 수 있다는 확신이 생겼다. 전업주부라고 해도 요리나 집 청소를 하면서 거기에서 파생되는 일을 하다보면 유통회사나 청소업체에 관심을 가질 수도 있다. 요리에 자신 있는 주부라면 외식산업에 도전해볼 수도 있다.

한때 박경철 '시골의사'가 주식투자 분야에서 그렇게 유명세를 떨치는 것이 무척 신기했다. 그런데 지금은 누구나 그렇게 될 수 있다고 생각한다. 누구에게나 내부에 수많은 비즈니스 아이템이 잠재되어 있다. 그것을 밖으로 끌어내어 표현하고 어떻게 끈기 있게 결과물을 만들어내느냐에 따라 결과가 달라질 뿐이다.

공부에도 취미가 없었고 상고를 졸업한 내가 여러 가지 비즈니스를 창출해낸 것은 내 자신을 '개발'시킨 결과다. '개발'이란 나의 잠재력을 끌어냈다는 뜻이다. 다른 사람들과 해외연수를 나가고 식품공장 견학도 하면서 틈새시장과 마케팅 포인트를 찾아냈고 자연히 성취욕도 생겼다. FCEO 임원으로서 봉사하며 나 자신을 개발했던 일들도 긍정적인 결과물로 돌아왔다.

내가 특별해서 이런 일들을 할 수 있었던 게 아니다. 누구나 할 수 있다. 자신의 내부에 있는 잠재력을 끌어내보라. 하나를 깨뜨리면 거기에서 파생된 것이 나온다. 일단 행동으로 옮기면서 또 다른 나를 찾고, 설사 시행착오가 있다 하더라도 많은 사람들을 놀라게 할 결과물을 만들어낼 수 있다. 그렇게 해서 누구나 비즈니스 플래너가 될 수 있다.

시작하느냐 시작하지 않느냐가 당신의 미래를 가른다. 무엇이든지 일단 시작해보자. 호두과자를 잘 만든다면 직접 만든 호두과자를 사진 찍어 SNS에 올려라. 비싸서 안 팔릴 것 같으면 재료비만 받고 시작하든지, 아니면 공부한다고 생각하고 배송비만 받아도 된다. 구매자가 점차 늘어나면 조만간 당신의 통장에 돈이 쌓일 것이다.

식당 창업 같은 경우는 제대로 된 곳에 가서 교육을 받으려면 돈과 시간이 많이 들기 때문에 시행착오를 줄이는 교육을 생략해 버리기 쉽다. 하지만 요즘은 그럴 필요가 없다. 스마트폰만 있으면 얼마든지 저렴하게 교육을 받을 수 있다. SNS에 '민쿡'을 검색해보기 바란다. 단돈 2만 원에 실무 노하우 교육을 받을 수 있다. 주방은 어떻게 설치해라, 직원교육은 어떻게 시켜라, 이런 것을 다 교육받을 수 있고 운영 기술도 알 수 있다. 분야별로 한 강좌에 2~3

만 원 정도에 들을 수 있으니 그중에서 자신에게 맞는 것을 찾아서 들으면 된다.

물론 교육기관에 찾아가 몇 백만 원짜리 과정을 이수하면 인맥도 쌓고 지인의 업장을 방문해 배울 수 있다는 장점이 있다. 하지만 적은 돈을 가지고 식당을 차린다면 운영 형편에 맞춰 원 포인트 레슨 형식으로 이런 교육을 찾아 듣는 게 효율적이다. 적은 돈으로 식당을 하면서 시행착오를 줄이고 싶다면 인터넷이나 유튜브를 이용해도 배울 것은 많다.

세상에 배울 곳들은 얼마든지 있다. 요즘은 포털 사이트 검색창에 SNS를 쳐보면 저렴하게 기대 이상의 교육을 받을 수 있는 곳들이 나온다. 들인 돈의 몇 백 배에 해당되는 효과를 얻을 수 있는 것이다. 물론 체계적으로 배워서 직원들에게 전파하고 하고 싶다면 교육기관의 실무과정에 가서 배워야겠지만 소자본 창업자들은 인터넷에 공개되어 있는 실속 있는 과정을 찾아보면 된다. 컨설턴트가 아니라 실제로 식당을 운영하면서 매뉴얼을 만들었던 사람들이 올리는, 현장에서 바로 적용 가능한 실속 있는 교육이 많다.

마음만 있다면 길은 얼마든지 있다. 지금은 목표를 위해 지식을 배우고, 멘토를 만나고, 계획을 실행하기 좋은 세상이다.

나를 믿고 지지해주며 긍정적인 사람들과 만나는 것은 나만의 에너지 관리법이다. 배가 고프면 음식을 먹고 피곤하면 잠을 자듯, 내게 에너지를 북돋워주는 근원은 사람이다.

내게 긍정적인 에너지를 주는 사람들에게는 공통점이 있다. '기업가로서 어떤 생각을 가지고, 어떻게 성장할 것인가?'라는 화두를 항상 자신에게 던지고, 자신에게는 엄격하고 직원에게는 보스가 아닌 리더로서 긍정적인 에너지를 심어주기를 좋아한다는 것이다. 중앙대학교 GFMP에 온 대다수의 CEO들도 이러한 특징이 있었다.

이삼십 대 CEO들은 아이디어가 좋고 그것을 바로 행동으로 옮긴다. '그냥 어린 친구들이 아니라 사업하는 친구들'이다 보니까 내가 미처 생각지 못한 핵심적인 이야기를 해준다. 그 친구들 덕분에 직원들에게도 좋은 에너지를 나눠줄 수 있다.

예전에는 가족들에게 나도 고객사 대표님들처럼 대해달라고 요구받은 적이 있다. 일하고 집에 가면 지치고 피곤해서 가족들에게 잘해주지 못했던 것 같다. 그런데 밖에서 에너지가 좋은 사람을 만나다보니 점점 집에 가서도 좋은 에너지를 발산할 수 있게 되었다. 좋은 에너지가 새로운 좋은 에너지를 만들어내는 것이다.

어느 순간부터 내 주변에는 좋은 에너지를 지닌 사람들이 생기기 시작했다. 그런 사람을 한 명 만나면 그의 주위에 또 다른 에너지 좋은 사람이 있었다.

주변에 좋은 사람들을 두면 좋은 에너지가 모아져서 좋은 일도 하게 되고 새로운 비즈니스도 창출된다. 사람을 이용하려고 하는 모임도 있지만 서로 선용하는 관계도 있다. 서로 선용하게 되면 윈윈할 수 있다. 상대에게 먼저 좋은 일을 해주고 도움을 요청하고 도움을 받다보면 어느 순간부터 관계가 계속 업그레이드된다.

안타깝게도 부정적인 사람들은 문제 있는 사람들만 계속 만난다. 그래서 부정적인 에너지를 가진 사람 주변에 있으면 왠지 일도 안 풀리는 것 같고 함께 우울해진다. 만날 때마다 부정 에너지를 내뿜는 사람이 있다면 되도록 그 사람을 만나지 않는 게 좋다. 물론 그 사람을 긍정적으로 변화시킬 수만 있다면 더없이 좋은 일이지만 그게 마음대로 되지 않는다면 과감하게 좋은 에너지를 가진 사람으로 주변인들을 바꾸는 것이 좋다.

주변인들이 긍정 에너지를 가진 사람으로 계속 바뀐다면 어느 순간 꿈꾸던 삶을 살 수 있다. 부정적인 사람보다는 나를 인정하고 칭찬해주는 사람을 만나자. 그리고 스스로를 칭찬하고 좋은 에너지를 내뿜으면 피곤함이 사라지고 생활 전체가 행복해지면서 삶에 대한 태도도 달라진다.

매년 유월이 되면 나에게 가르침을 줬다고 생각하는 사업가 동생들에게 특별한 선물을 한다. 잘 익은 열매가 탐스럽게 달려 있는 블루베리 나무를 보낸다. 받는 즉시 그 열매를 따 먹을 수 있게 하기 위해서다. 그리고 메시지를 적은 리본을 달아 보낸다. "블루베리 먹고 장수해라. 너도, 너의 기업도!"

물론 블루베리 열매를 마트에서 사 먹을 수도 있다. 하지만 사무실에서 일하면서 블루베리 나무에서 매일 몇 알씩 따먹는 기분은 먹어보지 않은 사람은 모른다. 사무실이지만 마치 과수원에 와 있는 듯해서 기분이 달라지고 좋은 생각을 하게 된다. 열매가 달린 블루베리 화분을 받은 분들은 너무 행복해하면서 SNS에 자랑을 한다. 그리고 다음 해에 열매가 다시 열리면 사진을 찍어서 보내주기도 한다.

선물을 받은 사람은 긍정 에너지를 전달받고, 다시 그 에너지를 나에게 전해준다. 나를 믿고 인정해주는 사람을 자주 만나려면 각별한 사람이 되어야 한다. 어떤가? 여러분도 긍정 에너지를 지닌 특별한 사람이 되고 싶지 않은가? 그렇다면 본인부터 긍정 에너지를 발산하면서 주변을 환기시켜보라. 지속적으로 실천하다보면 주위가 긍정 에너지로 가득 찰 것이다.

3장

플랫폼을 확장하고,
사업으로 키워라

인간 플랫폼의 중심에는 언제나 따뜻한 인간관계가 있다. 플랫폼은 저마다의 개성이 만나서 시너지가 꽃피는 정원이자, 공감과 감동이 오고 가는 공존의 터전이다. 그 터전에 세상에서 가장 따뜻한 인맥의 바다가 있고, 지식과 의식이 싹트는 무대가 있다. 비록 한국이 리스크의 천국일지라도 플랫폼을 만들면 비즈니스 천국으로 가는 지름길이 보인다.
당신의 플랫폼은 지금 어떤 변신을 거듭하고 있는가?

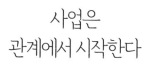

사업은
관계에서 시작한다

스마트폰 하나로도 창업이 가능하다

사람들은 사업을 하려면 아무리 적어도 수천만 원의 자본금이 필요하다고 생각한다. 그래서 하고 싶은 일을 시작도 못하고 망설이고 계획만 세우다가 포기하고 만다. 하지만 요즘은 스마트폰만 있으면 얼마든지 사업을 시작할 수 있다. 거짓말처럼 들리는가? 내가 바로 산증인이다. 십육 년 전에 마트 오픈을 밤새 기다려서 반값에 구매한 노트북이 내 첫 사업의 유일한 밑천이었다. 물론 지금처럼 모바일 네트워크 기반이 잘되어 있었더라면 노트북이 아니라 스마트폰이었을 것이다. 이제는 마음만 먹으면 스마트폰만으로도 사업을 시작할 수 있다.

2000년에 남편과 함께 일본으로 유학을 갔었다. 빈손으로 갔기 때문에 아르바이트를 해야만 생활할 수 있었다. 비록 학생 신분이었지만 많은 자본을 투입하지 않고도 할 수 있는 사업 아이템들을 검토하며 사업을 꿈꾸었다. 어린 마음에 부모님께 조금 의지하고 싶기도 했고, 은행에서 대출을 받는 방법도 생각해보았다. 하지만 그렇게 사업을 시작해서 실패할 경우, 가족에게 피해를 줄 수도 있다는 부담감에 리스크가 발생하더라도 감당할 수 있는 한도 내에서 할 수 있는 일을 찾아봤다.

어느 날, 동네에 들어서는 대형 마트 개업식 때 제일 먼저 온 손님 한 명에게 노트북을 반값에 판다는 전단지 한 장을 보았다. 그때, '노트북이 필요해!'라는 생각이 들었다. 그날 새벽 다섯 시에 노트북을 사기 위해 돗자리를 챙겨 들고 집을 나섰다. 그리고 오픈 시간인 열 시까지 줄을 섰다. 결국 노트북은 내 차지가 되었다. 반값에 산 노트북 하나, 그것이 내 첫 사업의 시작이었고 총 자본금이었다. 그날부터 아르바이트 하나가 더 추가되었다. 바로 인터넷 사이트에서 경매를 대신해주는 일이었다. 지금은 해외 제품 구매 대행 서비스가 잘되어 있지만 당시만 해도 일본 음반을 비롯한 다양한 제품들을 자유롭게 수입할 수 없었다. 그래서 인터넷 카페를 둘러보면 구매대행이나 인터넷 경매 사이트인 옥션 낙찰 대행을 요청하는 사람들이 많았고, 대신 경매를 해서 꽤 괜찮은 수입을 올릴 수 있었다.

사업이란 사실 간단한 것이다. 수요가 있는 제품이나 서비스를 공급해주면 된다. 게다가 구매대행이나 경매라면 자신 있었다. 그래서 물건을 사주길 원하는 사람들이 많은 인터넷 카페 여러 곳에 가입한 후, 구매대행을 원하는 사람들로부터 접수를 받았다. 그리고 내 돈으로 구입하는 것이 아니라 구매 신청자로부터 한도 금액을 송금받아 자동으로 입찰을 걸어두었다. 그리고 아르바이트를 다녀와서 낙찰된 물건이 있으면 한국으로 보내주는 일을 했다. 물론 현장에서 입찰을 지켜봐야 하는 것들은 자정까지 지켜보면서 낙찰을 받는 형식으로 건수를 늘려나갔다.

이 사업은 상당한 수요가 있었고, 내게 적지 않은 수입을 안겨주었다. 덕분에 한국에 귀국했을 때는 그 사업을 기반으로 한일 무역중개회사를 경영하게 되었고, 일본 브랜드 중에 좋은 것들을 독점으로 계약하고, 대리점 체계로 유통하는 회사를 운영했다. 이후 한일 간의 병행수입법이 통과되는 시점에 회사를 매각하고, 여러 번에 걸쳐 롤러코스트를 타듯 사업을 변화시켜왔다. 물론 정책 변화에 따라 많은 시련을 겪기도 했지만 현재 국내외에서 세 가지 사업을 하고 있다.

창업 초기에 비하면 지금은 사업하기 참 좋은 환경이 되었다. 아이템만 있으면 얼마든지 정부의 창업지원금을 받을 수 있고, 우수한 인재들끼리 모여서 동업 형태로 사업을 시작할 수도 있다. 스마트 워크 플레이스 시대에 맞게 모든 환경이 조성되어서, 스마트폰만 있으면 누구나 SNS를 통해서 사업을 할 수 있다. 꼭 IT에 강해야만 사업이 가능한 시대도 아니다. 또한 사업이 제품이나 서비스를 팔아야만 하는 것은 아니다. 취미 생활을 비롯해 내가 잘하는 것이라면 무엇이든 사업으로 연결시킬 수 있다.

아이디어가 사방에서 흘러 다니고 있기에 바로 행동으로 옮기면 나만의 사업을 시작할 수 있다. 설사 실패해도 많은 자본을 들여서 시작한 사업이 아니기에 크게 좌절할 필요가 없다. 실패 원인을 잘 분석해서 다시 도전한다면 더 큰 사업으로 성장시킬 수도 있다. 그뿐인가? 정부에서는 지원금의 문을 다양하게 열어두고 청년 사업자들을 환영하고 있다. 활용하기 좋은 정부 지원금도 많다.

조금만 생각을 달리하면 월급을 받는 사람이 아니라 월급을 주는 사람이 될 수 있다. 취업을 준비하며 참 인생이 무엇인지 모른 채 좀비처럼 스펙만 쌓고 있는가? 비전 없는 직장에서 스트레스 받으며 만족감과 행복감도 없이 몸만 왔다 갔다 하고 있지는 않은가? 그렇다면 당장 멈춰라. 인생은 결코 학교나 책에서 배운 것만으로 결정되지 않는다.

인간 플랫폼의 시대

좋은 관계는 '긍정적인 피드백'을 준다

플랫폼은 상업적이면서도 인간적인 공간이다. 플랫폼에 모여서 소통하는 사람들은 그곳에서 연결된 사람들과 비즈니스 관계를 맺기를 원한다. 따라서 플랫폼 역할을 하고 싶다면 만나는 사람들과 비즈니스를 하던지, 인간적인 관계가 형성될 수 있도록 장을 열어주어야 한다. 만난 사람들의 장점을 이끌어내 비즈니스 플랜을 짜주고, 그 사람에게 인맥이 필요하면 적합한 사람을 소개시켜준다. 누구라도 잘 살펴보면 비즈니스로 발전시킬 만한 키워드를 가지고 있다. 그렇게 서로의 비즈니스적인 키워드를 맞춰주고 멘토링을 해주거나 인간적인 관계를 만들어주면서 인적 네트워크를 형성시켜주는 것이다.

플랫폼 역할을 하다보면 불가능할 것 같은 꿈이 이루어지기도 한다. 이쯤에서 청년 도전가 이동진이라는 친구를 소개하고 싶다. 이 친구는 말 그대로 도전만 한다. 아마존에도 가고, 몽골에서 말을 타고 2,500킬로미터를 횡단하면서 영화를 찍는가 하면, 러시아에서는 1만 킬로미터를 자동차로 횡단하고, 뉴욕에서 LA까지 미국 동부와 서부를 자전거로 횡단하는 식의 도전을 한다.

이동진을 처음 알게 된 것은 2016년 1월, 인재양성소 인큐의 윤소정 대표님을 통해서였다. 윤 대표님과 가진 첫 티타임 자리에서 "다음 주에 LA 출장이 있다"라고 했더니 다짜고짜 이동진이라는 친구를 그냥 짐꾼이라고 생각하고 미국에 데려가 달라고 부탁했다. 이 친구는 항공기 조종사가 되고 싶었지만 시력 때문에 꿈을 포기했다. 그런데 알아보니 미국에서는 시력이 나빠도 조종사가 될 수 있다는 것이었다. 꿈을 포기하기 싫어서 미국에 있는 학교에 입학하려는데 학비가 자그마치 1억 2,000만 원이었다. 그래서 장학금을 줄 수 있는 학교를 찾고 있으니 미국에 그 친구를 데리고 가서 사람들과 연결해달라는 것이었다.

첫 미팅 자리에서 보자마자 그 친구를 미국에 데려가달라고 부탁을 하니 황당했다. 그렇다고 무턱대고 거절할 수도 없어서 "일단 그 친구를 만나보고 본인도 그렇게 가고 싶은지 물어봐야 하지 않겠어요?"라고 했더니 "지금 당장 오라고 할게요" 하고는 바로 전화를 했다. 마침 그 친구가 경상도 쪽에서 강연을 하고 있었기에 그날 밤 열 시가 넘어서야 만날 수 있었다.

이동진은 나와 만나자마자 꿈을 실현하기 위해서 꼭 미국에 가야 한다고 했다. "그래, 가서 내가 만나는 대표님들에게 소개시켜줄게" 했더니 인큐의 신동일 이사도 함께 가고 싶다고 해서 결국 셋이서 닷새 뒤에 미국으로 떠났다. 미국에 도착해서는 스노우폭스 김승호 회장님을 소개해주었다. 김 회장님은 이 친구 이야기를 들더니 LA 별장에서 일주일 동안 머무르면서 일을 볼 수 있게 도와주었다.

이동진은 미국의 백 개 대학 리스트를 뽑아서 갔다. 자신에게 장학금을 지급해줄 학교를 찾을 때까지 모든 학교에 찾아가겠다고 했다. 장학금을 지급해줄 학교가 정해지면 비행학교에서 배우는 전 과정을 영화로 찍어서 유튜브에 올리겠다는 공약을 걸었다(이 친구 계정의 유튜브 동영상 조회 수는 평균 1만 회가 넘는다). 백 개 대학 리스트 중에 열 개 대학을 찾아갔는데 놀랍게도 샌디에이고 비행훈련 아카데미에서 장학금을 주겠다고 했다. 장학금만 받으면 문제가 해결될 줄 알고 기뻐했더니, 이 친구가 황당한 이야기를 꺼내 또 한 번 사람을 놀라게 했다.

"1억 2,000만 원의 장학금을 받으면 학비는 해결이 되는데 생활비가 해결이 안 돼요. 비행학교에서 배우는 모습을 영화로 제작할 예정인데 생활비와 영화 제작비가 필요합니다."

세상에! 1억 2,000만 원의 학비뿐만 아니라 생활비와 영화 제작비까지 필요한 상황에 빈손으로 무작정 미국까지 온 것이었다. 그런데 그 친구의 꿈 이야기를 듣다보니 내 마음이 흔들렸다. 꿈을 꼭 이뤄주고 싶다는 간절한 소망이 생기는 것이었다.

그래서 "그래, 네 꿈을 이뤄보자" 하면서 그 친구의 사연을 페이스북에 오픈했다. 생활비와 영화 제작비가 필요하니 제 동생 좀 밀어달라고 기업가들에게 소개했다. 그리고 중앙대학교 최고경영자과정에 초청해 이 친구에게 꿈에 대해 강연하게 했다. 강연을 들은 대표님들 중에 그의 꿈을 지원하고 싶다는 분들이 생겨났다. 지금은 그 친구의 꿈을 이룰 수 있을 만큼의 후원이 들어왔다. 물론 내가 다 해준 것은 아니지만 기회의 장을 만들어줄 수 있었다.

나는 누구를 만나든 그 사람이 원하는 것을 이룰 수 있도록 도와줄 때 가장 큰 기쁨을 느낀다. 도전가 이동진의 경우처럼 기본 바탕이 있는 사람에게 맞는 코드를 꽂아주면 잠재력이 폭발하게 된다. 학생이라면 학생에 맞게, 도전가라면 도전가에 맞게, 사업가라면 사업가에 맞게 장을 펼쳐줄 수 있다. 플랫폼이 되어주는 게 결코 쉬운 일은 아니다. 늘 남들보다 내가 더 움직이기 때문에 사람들을 만나다가 제풀에 지쳐 쓰러지는 것 아니냐는 걱정을 사기도 한다. 하지만 이상하게도 플랫폼 역할을 하고 나면 희열이 차오르고 에너지가 생긴다.

내가 잘하는 것이 있고 상대가 잘하는 것이 있는데 이것이 잘 어우러지는 순간, 진정한 인간관계가 형성된다. 인간 플랫폼은 상대와 좋은 에너지를 주고받아야 한다. 쓰면 쓸수록 고갈되는 에너지가 아니라 서로 좋은 쪽으로 극대화되는 에너지를 주고받아야 진정한 플랫폼이 될 수 있다.

명심할 점은 어떤 사람이든 함부로 대해서는 안 된다는 것이다. 그 사람이 나와 어느 장소에서 어떻게 마주칠지 모르고, 어떤 관계가 될지 모르기 때문이다. 내가 어떤 사람에게 특별한 것을 해주지 않아도 매너 있게 대하고 긍정적인 리액션으로 좋은 이미지를 심어주면, 그가 다음에 자신의 비즈니스에 나를 연결시켜줄 수도 있다. 세상일은 모르는 것이다. 어떤 상대에게라도 항상 좋은 에너지를 주자. 이해타산부터 따지고 비즈니스만 생각하거나 지위를 탐하려고 하면 상대가 먼저 알고 경계한다.

나는 만나는 모든 사람들과의 비즈니스를 꿈꾼다. 아이템을 선정해주고 틀을 잡아주고 나면 그 비즈니스를 끌고 가는 것은 그들 몫이다. 이 일을 제대로 하려면 어떤 사람을 만나도 그 사람과 진정한 인간관계를 형성해야 하고, 그것이 비즈니스와 직결될 수 있게 만들어야 한다.

나는 삼십 대 중반까지 선배 사업가들에게 배려와 존중 속에 피어나는 인간관계와 비즈니스 구조를 배웠다. 삼십 대 중반을 넘어서는 후배 사업가들에게 새로운 아이디어와 마케팅 기법을 배웠다. 그 사람들과 교류하면서 플랫폼이 되었고, 그 사람들이 나를 SNS에 태그 걸어서 현재의 스토리를 콘텐츠화해 올려준다. 그러니 나는 자연히 플랫폼 역할을 하고 있다. 나는 내 눈에 보이는 사람들의 재능을 극대화시켜주는 일, 나보다 더 일을 잘할 수 있는 사람에게 아이템을 주는 비즈니스 플래너로서의 일만 잘할 뿐이다. 내가 직접 그 비즈니스를 잘 해낼 수 있는 것은 아니다.

재능과 아이템이 있는 사람이 풍선이라면 나는 그에게 바람을 넣어 하늘로 뜰 수 있게 돕는다. 꿈꾸기는 했는데 누가 부추겨주지 않아서 못했던 것들을 이룰 수 있게 해주는 것이다. 무엇인가를 하고 싶지만 현실에 막히고 도움이 필요하지만 도와주는 사람이 없는 이들에게 맞는 코드를 연결시켜주면 자가 발전할 수 있게 된다. 또한 주변 사람들에게까지도 전력을 공급하면서 새롭고 풍성한 플랫폼을 형성하게 된다. 결과적으로 그 풍성한 플랫폼이 내게 긍정적인 피드백을 주어 나는 더 큰 플랫폼으로 확장하고 있다.

황금 인맥을 만드는
비즈니스 타임

정규 수업이 끝나면 시작되는 사회수업

외식전문가과정 수업은 입학부터 수료까지 14회로 끝나기 때문에 정규 수업만 같이 들으면 서로 친해질 기회가 별로 없다. 더군다나 수업 시간에는 수십 명의 사람들이 모여서 강의를 듣기 때문에 개인적인 이야기를 나누기 어렵다. 그래서 수업만 듣고 돌아가기에는 아쉬운 마음에 모임을 더 갖게 된다.

모임에 가면 본사 방문, 공장 및 매장 견학, 식자재 투어 등 프랜차이즈 사업을 하기 위한 중요한 프로세스를 더욱 잘 알 수 있다. 수업 시간에는 마흔다섯 명이 나오지만 사적인 모임에는 시간이 맞는 사람들만 나오다보니 아무래도 더 밀착해서 이야기를 하고, 알게 모르게 중요한 팁을 얻을 수 있다.

번개 모임을 소집한 사람이 목적지를 정하게 되어 있는데 한식집에서 모이면 한식에 대해서, 양식집에서 모이면 양식에 대해서 더 깊이 이야기를 나눈다. 공통분모를 가진 소수 인원이 깊이 있게 이야기하다보니 서로의 마음을 읽고 좋은 정보를 공유할 수 있다. 번개 모임을 함께한 사람들끼리 관계가 점점 더 돈독해질 수밖에 없다.

재미있게도 번개 모임에 열심인 이들은 대부분 프랜차이즈 CEO들이다. 어느 회사에서든 CEO가 제일 외로운 사람이다. 함께 흉볼 동료들도 없고, 직원들이 거리를 두고 대하기 때문에 마음을 털어놓고 상의할 상대도 거의 없다. 회사에 힘들고 어려운 일이 생기면 CEO 혼자 고심하며 결정해야 하고, 결과가 나쁘기라도 하면 그 무거운 책임 역시 혼자 감당해야 한다. 그런데 동종업계 CEO들이 모여서 정보를 공유하고 걱정거리를 함께 해결하면 그야말로 천군만마를 얻은 기분이 된다. 외식산업이라는 범주 안에서 서로 인간 대 인간으로 소통하고 배우는 것이다.

외식 프랜차이즈의 본사는 대부분 강남에 있다. 그래서 아무래도 강남에서 자주 모임을 가진다. 재미있는 것은 모임 구성원들의 사업장에서 모임을 하다가 맛있는 것이 있으면 그 레시피를 알려 달라고 해서 가져간다는 것이다. 보통 외식업의 비법은 '아들도 며느리도 모른다'고 하며 숨기기 마련인데, 보통의 정서와는 판이하게 다른 행동이다. 레시피뿐만이 아니다. 광범위하게 보면 외식산업이라는 범주 안에서는 경쟁사인데도 불구하고 공사비나 인테리어, 식재료까지 정보를 공유하면서 서로 돕고 즐긴다.

번개 모임에 나가보면 각자의 사업을 동기나 후배 사업가에게 오픈하고 서로 배우는 시스템이 잘되어 있다. 주변 사람들까지 경쟁자로 생각하는 닫힌 마음으로 보면 놀라운 일이겠지만 같은 기수든 아니든, 후배들은 궁금한 것을 보고 싶어 하고 선배들은 공유하려는 마음을 갖고 있다. 그런 마음은 기업가정신을 배우는 과정에서 생겨난다. 독점적으로 내 것만 잘 키우는 것보다 서로 공유하면서 판을 키우는 편이 낫다고 생각하는 것이다.

더군다나 대한민국을 벗어나 세계를 무대로 삼는 글로벌 과정에 있으므로 장차 이들은 해외시장에도 같이 진출해야 한다. 예를 들어 LA에 진출한다면 같은 소비자층을 대상으로 영업할 수도 있으니 미리 '신사협정'을 맺는 것이다. 두 영업장이 부딪치지 않고 함께 물류를 사용하면서 비용을 절감하고 정보도 공유하면서 한국인들끼리 상생하자는 것이다.

그런 목적을 가지고 있기 때문에 과정 인원이 모집되면 입학과 동시에 일박 이 일로 워크숍을 간다. 마치 가족처럼 형님, 누나, 동생 관계가 형성되어 특별수업이 있을 때면 배우자가 참석하기도 한다. 보통의 한국 남자들은 배우자와 함께 참석할 것을 권유하면 난처해한다. 사회생활에 사생활이 얽히면 불편해진다고 생각해서다. 그런데 배우자들과 함께 수업도 듣고, 해외에서 일주일 이상 같이 있다보면 서로 친해지지 않을 수 없다. 일주일에 네 번씩 만나 모여서 공부하고, 각자의 강연회나 토크쇼에 가서 응원해주고, 서로 이해하고 공감하고, 배우자들끼리도 모여서 친해지는 '가족적인 네트워크'가 형성되는 것이다.

번개 모임이 왕성해지려면 사무국장이나 사무차장의 역할이 중요하다. 그들이 모임에 참석해서 번개 모임에 오는 사람들의 비즈니스를 서로 연결시켜주는 매개체 역할을 해야 한다. 마케터, 인테리어 디자이너, 회계사, 변호사 등 다양한 분야의 사람들을 모임 회원으로 받아들이고, 각 기업이나 사업장을 개별적으로 방문해 서로 도움이 될 만한 연결 고리가 있는지 묻고 답할 기회를 줘서 서로에게 어필하기 좋게 한다.

이런 역할을 제대로 해주면 의기투합해서 일이 성사되는 경우도 많고, 구성원들이 컨설팅을 무료로 받을 수 있는 기회도 생긴다. 임원들이 그런 이야기가 자연스럽게 나오도록 유도해줘야 사람들이 이후 번개 모임을 다른 일보다 우선시해 모임 참석률이 높아진다. 얻어 가는 것, 배우는 것, 공유하는 것 등 자신이 원하는 바가 충족되어야 모임과 관계가 유지되고 서로가 서로의 플랫폼이 된다.

'마트로시카 인형' 같은 모임을 찾아라

러시아에는 마트로시카라는 전통 인형이 있다. 인형 하나를 돌려서 열면 그 안에 똑같은 모양의 인형이 들어 있고, 그 인형을 열어보면 그 안에 똑같은 모양의 인형이 또 들어 있는 목각 인형이다. 마트로시카 인형 하나를 선물하면 그 안에 주르르 들어 있는 대여섯 개의 인형을 모두 선물하는 셈이다. 모임의 임원도 마찬가지다. 일단 기수의 임원이 되어야 총동문회 임원이 되고, 협회 임원까지 될 수 있다.

내가 처음 공부했던 FCEO는 한국프랜차이즈산업협회와 연세대학교가 공동 추진해서 만든 것이다. 그러다보니 한국프랜차이즈산업협회와 체육대회나 포럼, 공부, 연수 등을 함께하는 경우가 많았다. 그래서 19기 사무차장을 맡고 나서 자연스럽게 총동문회 사무차장이 되었고, 협회와 관련된 일까지 하다보니 한 모임 안에서 세 개의 모임이 생겨났다. 내게는 마트로시카 인형이 수십, 수백 개가 생겼다.

임원을 하면서 여러 회사에 탐방도 자주 갔고, 탐방을 하면서 남들이 경험하기 어려운 것을 현장에서 보고 듣고 와서 내 일에 대한 아이디어도 많이 얻었다. 남이 하는 일과 내가 하는 일의 교차점에 대해 많이 이야기하고 디테일한 질문을 할수록 더 많은 것을 배울 수 있다. 대상 사업체를 많이 알고 있을수록 제안할 수 있는 분야도 넓어진다. 예를 들어, 처음에는 리스크 관리와 보험에 가입시키는 데 주안점을 뒀지만 대상 기업을 잘 알게 됨으로써 기업에서 원하는 외식업 맞춤 보험도 만들어줄 수 있었다. 또 대상 기업을 이해하고 소통하다보니 어느 순간 사고 발생 시 현장에서 바로 대응할 수 있도록 직원들에게 사례 교육을 할 필요가 있다는 점이 눈에 들어왔다. 직원들 교육을 해주다보니 정작 기업에서는 보험보다 교육을 중시하는 것도 알았다. 그래서 사업제안서를 쓸 때 어떤 포인트와 결과물을 어필해야 다른 회사와의 차별성이 생기고 기업에서 빠른 선택을 하는지도 알게 됐다.

기업 리스크를 관리하면서 일을 하다보니 더 속속들이 알기 위해 기업에 더 자주 방문하게 되었다. 연관 업무가 늘어나고 기업 대표와의 친분이 두터워질수록 이 기업에서 어떤 신규 브랜드나 신사업을 준비하고 있는지도 알 수 있었다. 그렇게 해서 또 하나의 연결 고리가 생겨났다. 우리 부부가 운영하던 푸드앱이라는 사업체에 간편식을 파는 프로그램을 연결시켜서 매출을 올릴 수 있게 된 것이다. 이것이야말로 또 하나의 사업 마트로시카 인형이라고 할 수 있다.

거기에서 멈추지 않고 대상 기업의 성장곡선을 보면서 국내에서 성장할 수 있는 한계점을 알고, 해외에 진출해야 하는 시점을 파악해 기업의 해외 진출을 돕는 일도 하게 되었다. 해외에서 필요한 것과 국내에서 필요한 것을 연속적으로 매칭하다보면 서로의 기업체가 동반 성장·발전하는 것이다.

이 모든 일들은 내가 프랜차이즈 CEO들 사이로 들어가 임원이 됨으로써 플랫폼 역할을 한 것에서 시작됐다. 플랫폼의 중요성은 아무리 강조해도 지나치지 않다. 어떤 사업이든 플랫폼 구조를 가지고 있지 않으면 살아남기 힘들다. 아무것도 없는 상황에서 인프라를 구축하려고 하면 자본과 시간, 열정 등을 무한대로 투자해야 한다.

하지만 플랫폼 역할을 해주는 누군가가 있다면 일은 의외로 쉬워진다. 나는 스스로 플랫폼이 될 기회를 열었고, 그 출발점이 FCEO의 임원이었다고 생각한다. 프랜차이즈 CEO들이 모이는 모임에서 매개체 역할을 하면서 판이 어떻게 돌아가는지 읽을 수 있었기 때문에 관련된 비즈니스를 차별화하고 확산시킬 수 있었다.

그렇다면 어떻게 나만의 마트로시카 인형을 만들 수 있을까? 첫 번째로 어떤 구성원들이 모임에 가입해 있는지 알아야 한다. 모임의 담당자에게 전화를 하거나 카탈로그를 통해 1기부터 해당 기수까지 살펴보자. 두 번째는 그 모임에 지속성이 있는지를 봐야 한다. 동문회 홈페이지나 카탈로그를 보고 사무국에 전화해서 문의하면 된다. 이 과정이 끝난 후에 차후 융합 과정이 있는지 물어보고, 총동문회 모임이 있다면 지금까지 지속되는지, 지속된다면 몇 명이나 활동하고 있는지 알아본다. 수료 후에 참여할 수 있는 프로그램에는 어떤 것들이 있는지, 해외연수도 같이 가는지, 지속적으로 이어지는 모임이 있는지, 그런 모임이 있다면 몇 명이나 참여하고 얼마나 활성화되어 있는지 등 알아두면 좋은 것들도 자세히 물어본다.

다른 사업군에 비해 프랜차이즈 기업들은 모임 활동을 많이 할 수밖에 없다. 사업을 하면서 공장에서 원료를 나눠 쓰는 경우도 생기고, 모임에 가맹점 인테리어 시설 지킴이도 오고, 그와 관련된 협찬사들도 오게 되어 있다. 모임에 와야 사업이 잘되는데 누군들 오고 싶지 않겠는가?

모임 활동이 활발한지 알아보는 방법 중 가장 좋은 것은 아는 사람에게 직접 물어보는 것이다. 인터넷에서 모임을 검색해볼 수도 있지만, 잘 운영되는 모임은 주로 추천을 받고 가입하게 되어 있다. 내가 가봐서 좋으면 다른 사람에게 추천하고 싶은 것이 인지상정이다. 우리나라 사람들은 정이 많아서 좋은 것이 있으면 누가 시키지 않아도 입이 닳도록 칭찬한다. 모임은 믿을 수 있는 사람이 추천해주는 곳에 가는 것이 제일 좋다.

내가 추천하고 싶은 마트로시카 같은 외식 관련 최고경영자과정은 한국프랜차이즈산업협회의 명품 CEO 과정, 중앙대학교 글로벌 외식산업 최고경영자과정, 한국외식산업 경영연구원 외식산업 심화 CEO 과정이다. 모두 현재 가장 활성화돼 있고, 외식경영자가 공부하기 좋다고 유명한 프로그램이다.

친근감을 주는
홍보 기술을 몸에 익혀라

행사 현장을 사진으로 기록해두면 미래에 큰 재산이 된다

사람들과 좋은 관계를 유지하고 인맥 관리를 잘하려면 남들보다 더 부지런해야 한다. 어떻게 해야 그저 그런 관계에서 특별한 관계로 발전하고 유지할 수 있을까? 행사에서 만난 사람이라면 행사 사진을 개별적으로 전송해주는 것도 한 가지 방법이다. 행사 도중에 단체 사진뿐만 아니라 여러 사람의 스틸컷을 찍어두었다가 잘 나온 사진을 전송해주는 센스를 발휘해보자. 사진을 찍어달라고 부탁하거나 셀카를 찍는 것을 어색해하는 경우가 종종 있다. 그런데 자연스럽게 잘 나오거나 기록해두고 싶었던 장면을 찍은 사진을 받는다면 대부분 고마워할 것이다.

친해지고 싶은 사람이 있다면 행사장에서 "사진 찍어드릴까요?" 혹은 "저랑 사진 한 장 같이 찍어요" 하고 자연스럽게 사진을 찍어두자. 상대의 독사진과 나와 같이 찍은 사진을 함께 보내주면 자연스럽게 상대에게 나를 각인시킬 수 있다. 전송해줄 사진이 있으니 문자나 카카오톡으로 말 걸기도 쉬울 뿐만 아니라 함께 찍은 사진이 있으면 왠지 친해진 느낌이 든다. 그러면 다음 모임 때는 서로 반갑게 인사하는 친구가 될 확률이 높아진다.

행사나 모임에 다녀온 날은 사진과 함께 그날 있었던 일을 정리해서 SNS에 올리면 방문하는 사람들에게 내가 얼마만큼의 인프라를 가지고 있고 어떤 활동을 하는지 어떤 사람인지를 알리는 효과를 동시에 얻을 수 있다. 동영상 편집 어플리케이션을 활용해서 SNS나 유튜브에 동영상을 올릴 수도 있다. 매직스토어(magic store), 비디오 쇼(video show), 포토원더(photo wonder) 등 사진을 동영상으로 편집할 수 있는 어플리케이션을 활용해서 카카오톡 단체방에 동영상을 올리면 추억을 공유할 수 있어서 좋다.

SNS에 사진과 함께 생각을 정리해서 글을 남기면 그 행사에 참여했던 사람들이 그날의 기억을 떠올리면서 한 번쯤 방문할 것이다. 또한 페이스북의 경우 일 년이 지났든 몇 년이 지났든 상관없이 특정 년, 월, 일의 추억을 보여준다. 나는 행사에 참여해서 사람들이 모이면 항상 행사장을 스케치한 사진을 찍어놓는다. 사진은 모든 사람들이 그날의 기억을 떠올릴 수 있게 해주면서 구성원들이 '우리가 공동 추억을 만들어가고 있구나' 하는 공동체 의식을 갖게 해준다. 삭막한 세상에서 '나와 함께 가는 사람들이 있다'는 든든함, 그리고 서로가 서로에게 울타리가 되어줄 것이라는 믿음과 신뢰를 갖게 해주는 것이다.

행사를 직접 진행하면서 현장을 사진으로 기록하는 것은 실전 경험을 쌓는 데 큰 도움이 된다. 크고 작은 행사를 기획·진행하거나 호스트로서 치러야 하는 일이 많은 사람에게는 직접 참여한 행사에서 본 것 하나하나가 모두 경험이 된다. 행사를 하면서 어느 때 어떻게 하라는 매뉴얼이나 팁을 주는 책은 없다. 직접 경험하고 공부하는 수밖에 없다.

행사에 가서 눈에 보이는 것 모두가 나에게는 현장학습 대상이다. 그래서 가능하면 상세하게 기록으로 남긴다. '이벤트는 이렇게 했으면 좋았을 걸' 하고 생각한 것도 기록해놓고, 행사를 한 장소도 기록한다. 행사에 참석할 때마다 행사장 단상부터 플래카드, 음식과 초대 인사, 게스트와 사회자까지 모든 것을 신경 쓰면서 살펴보고 기록하다보면 행사장을 쓱 둘러보기만 해도 판을 읽는 눈이 생긴다.

최고경영자과정에서 수년간 사무차장을 하면서 확실히 얻은 것

중 하나는 바로 행사 진행 기술이다. 사람들을 초대하는 요령, 협찬을 받기 위한 멘트, 판을 키우고 사람들이 많이 오게 하는 멘트 등을 자연스럽게 익힐 수 있었다. 모임에서 행사가 있을 때 사람들이 "아무개님은 오셔?" 하고 묻는 경우가 있다. 행사를 성공적으로 개최하고 많은 사람이 참여하게 하려면 이런 사람을 섭외해야 한다. 경제인 모임의 경우 소위 잘나가는 회장님 몇 명을 섭외해야 그 회장님을 보고 인연을 만들고 싶어서 사람들이 온다.

핵심은 이렇다. 행사를 행사답게 진행하려면 누가 관심 있어 할지부터 파악하는 게 우선이다. 이런 것을 잘 세팅해놓으면 당연히 사람들이 많이 모여들고, "○○○가 주관해서 행사를 하면 행사가 커져"라는 평판이 생긴다.

행사의 '판'이 클수록 플랫폼도 확대된다

만족스런 이벤트와 불만족스런 이벤트는 같은 과정을 거쳐 탄생한다. 행사를 기획하고, 이벤트를 준비하고, 사람들을 초대하고, 행사 당일의 동선을 파악해서 기획한 대로 실행하는 과정 자체는 조금도 다르지 않다.

그렇다면 참가자들의 만족도 차이는 어디에서 비롯될까? 그 차이는 아주 사소한 데서 생긴다. 이벤트를 준비하는 사람의 마음가짐, 사소한 행동, '선택'의 차이에서 나오는 것이다.

약 사 년간 사무차장을 하면서 행사장에 갈 때마다 공부하는 마음으로 모든 것을 보고 듣고 다녔다. 마음의 문을 닫고 다니는 사람들에게는 어디를 다녀도 귀에 꽂고 있는 이어폰에서 나오는 음악만 들리지만, 마음의 눈을 열고 보면 살아가면서 마주치는 모든 것들이 스승이다. 나는 어디에 가든 많은 것을 배운다. '이건 이벤트할 때 써먹어야지', '이건 어떤 기업에 제안해줘야지', '이건 우리 딸한테도 알려줘야지' 하면서 어떤 상황에서도 나에게 참고가 될 수 있는 것들을 받아들인다. 행사장에 가서도 많은 인프라를 쌓고 세부적인 것들을 배웠고, 배운 것들은 내가 이끌어가는 행사에 적용한다. 지금은 다른 사람들이 이벤트 회사 직원이냐고 할 정도로 행사를 행사답게, 사람들이 조금 더 편하게 참여할 수 있게 이끌 수 있다.

행사장에 들어가면 진행표를 주는데 그것만 잘 들여다봐도 행사의 규모와 운영을 잘하는지 못하는지 등을 모두 알 수 있다. 행사가 진행되는 순서를 볼 때는 누가 참여하는지, 핵심 강의나 중요한 절차 사이에 쇼나 사은품 이벤트가 적절하게 배치되어 있는지를 본다. 또 행사장을 한번 둘러보면 찾아온 사람들을 어떻게 안내하는지, 장소, 무대, 멘트 등에서 '판이 어떻게 돌아가는지'가 보인다. 그런 것들을 주의 깊게 관찰하면서 좋지 않아 보이는 것은 내 행사에서 배제하고 좋아 보이는 것만 적용한다.

경험보다 중요한 것은 없다. 그래서 행사장에 가면 눈으로 보는데 그치지 않고 진행표나 팸플릿을 갖고 오고 사진도 찍는다. 새로운 경향이나 트렌드도 놓치지 않는다. 예를 하나 들자면, 전에는 귀빈을 모실 때 보통 꽃을 달아드렸다. 꽃을 양복 상의에 꽂거나 옷핀으로 옷에 고정시켰다. 그런데 주머니 없는 옷을 입었거나 옷핀을 꽂으면 곤란한 재질의 옷을 입고 오면 꽃을 어디에 달아야 할지 몰라 낭패를 보게 된다. 요즘은 이런 불편함 때문에 자석으로 부착시킬 수 있는 꽃이 나와 있다. 평소 이런 사소한 부분에 별다른 관심을 기울이지 않는 사람이라면 별 생각 없이 옷핀이 달린 꽃을 준비할 것이다. 하지만 평소에 작은 불편함을 어떻게 해결할지 생각하고 새로운 트렌드를 눈여겨본 사람이라면 자석으로 고정시키는 꽃을 선택할 것이다. 행사에 많이 다녀본 사람은 꽃 장식 하나도 남다르게 준비한다.

행사 참가자들이 어떻게 하면 기분 좋고 편안할지 신경 써서 센스 있게 준비하는 것은 중요하다. 다른 행사장에 자주 다니면서 좋은 점을 보고 벤치마킹하면 내가 주최하는 행사의 격이 점차 높아진다. 행사의 격이 높아지면 행사 참여도도 높아지고 자연스럽게 협찬도 많이 받을 수 있다.

방송국에서는 왜 시청률에 목숨을 걸까? 시청률이 높을수록 광고주들이 눈독을 들이고 광고료 수입도 늘어나기 때문이다. 행사도 마찬가지다. 사람들이 많이 모이는 행사에는 더 가보고 싶어지고, 협찬하겠다는 사람들도 줄을 선다. 행사 한 번 할 때마다 경품이나 상품을 트렁크 가득 나눠 줄 수 있을 정도다. 외식업계에 있는 사람들 중에는 연예인으로 활동하는 사람도 많기 때문에 개막식 때는 개그맨이나 가수가 와서 프로그램을 같이 운영해주고 공연도 한다.

외식업계 행사에서는 음식이 특히나 중요하다. 물론 음식은 모든 행사에서 중요하다. 행사가 잘됐다 못됐다 평가하는 기준에 가장 큰 영향을 미치는 것이 음식이기도 하다. 그런데 행사 음식에도 트렌드가 있다. 요즘은 음식 가짓수가 많은 것보다는 정말 맛있고 신선한 음식을 단출하게 준비하는 것이 대세다.

행사 음식 배치에도 센스를 발휘해야 한다. 보통 "뷔페 식사가 준비되어 있습니다" 하고 알리고 테이블로 가보면 줄이 길게 늘어서 있다. 뷔페 음식 앞에서 줄을 서 있는 상황은 누구에게도 달갑지 않다. 이럴 경우에는 테이블을 벽에서 떨어뜨리고 테이블 양쪽에 음식을 세팅해놓은 다음 사람들이 지그재그로 지나가게 한다. 음식 앞에 줄을 서서 기다리는 시간을 최대한 줄여주는 것이다. 여성분들을 샐러드 바 쪽으로 먼저 안내해서 부산스러움을 줄이는 것도 좋다.

누군가를 소개할 때도 "어디 대표님입니다" 하는 것보다는 그 대표님의 브랜드 특징을 익살스럽게 살리거나, 인기 좋은 CF 문구에서 따오거나, 대표님의 인품이나 인물이 좋다면 그 특징을 살려 멘트를 구성해서 소개하는 것도 좋다.

협찬사도 센스 있게 한껏 띄워줄 필요가 있다. 행사가 호텔에서 진행된다면 행사장 모니터에 협찬해주신 분들 사진과 브랜드 BI(Brand Identity)를 정리해서 인포그래픽(Infographics) 형식으로 띄운다. 기업 대표님들의 프로필 사진은 대부분 인터넷에서 구할 수 있다. 프로필 사진을 구하지 못했다면 회원 수첩 사진을 띄워놓고 식사 시간 동안 계속 소개되도록 해서 ○○회사, ○○○ 대표님, 협찬금 페이지가 자연히 노출되도록 한다. 거기에 그 브랜드의 로고까지 넣어서 상영해보라. 그러면 당사자는 식사하는 동안 뿌듯함을 느낄 테고, 다음 모임의 참가자들도 흔쾌히 협찬하게 된다.

명찰도 잘 챙겨야 한다. 계속 모임에 나왔던 회원들은 상관없지만 신규 회원들은 서로를 잘 모르기 때문에 명찰을 준비해서 확인하게끔 도와줘야 한다. 홈페이지에 회원들 명단도 꾸준히 업데이트해서 서로 교류할 수 있는 장을 만들어놓는 것 역시 빼놓아서는 안 된다.

구성원들을 이벤트나 행사에 자꾸 참여시키고 행사 자체를 키워가야 한다. 골프 대회 하나를 하더라도 행사가 잘 활성화되어 있으면 선크림이나 골프공이 협찬으로 들어온다. 우리 동문이 아닌데도 사람들이 많이 모인 곳에서 상품을 노출시키려고 협찬을 하는 것이다.

행사는 무조건 판을 키워야 한다. 그래야 플랫폼이 되기에 좋은 판이 펼쳐진다. 내가 속한 모임에서는 2월에 척사대회, 5월에 골프대회, 9월에 체육대회, 12월에 송년회를 한다. 수료를 하고 나서도 일 년에 네 번을 만나는 것이다. 행사의 판이 크기 때문에 수료를 마친 후에도 사람들이 많이 참석한다.

행사가 크면 클수록 사람들이 선호하고 행사가 쭉 지속될 수 있다. 나와 모두가 즐거운 가운데 플랫폼이 확대되는 것이다.

리스크의 천국이
비즈니스의 천국으로 재탄생하다

리스크가 없는 사업은 없다. 리스크가 큰 사업과 리스크가 작은 사업이 있을 뿐이다. 따라서 리스크를 예방하는 방법을 찾으면 어떤 비즈니스 코드라도 만들어낼 수 있다. 내가 보험상품을 홍보하려고 하기보다는 식당에 필요한 것이 무엇인지를 보았듯이, 공장에 가면 비즈니스 시스템이 보인다. 우리나라 사람들은 성격이 급하다보니 치고 나가는 것은 잘하지만 리스크 관리에는 서툴다. 치명적인 리스크 한 번에 잘나가는 기업도 망할 수가 있다는 것을 잘 인식하지 못한다. 나는 늘 리스크 관리를 하는 사람이기 때문에 회사에 방문해보면 구조적으로 잠

인간 플랫폼의 시대

재되어 있는 리스크가 보인다. 리스크를 예사롭지 않게 생각하던 대표님들도 리스크에 대해 슬쩍 말을 던지면 담당자와 연결을 해 준다.

요즘은 바이럴 마케팅(viral marketing)으로 요식업을 키우기에 매우 좋은 시대다. 하루아침에 기업가가 탄생할 수 있는 환경이다. 몇 개월 만에 프랜차이즈 기업이 되어 가맹점을 수십 개씩 낸다. 미국의 경우 위치를 정하고 매장을 꾸미는 일을 하나하나 허가를 받아가면서 승인받고 다음 일을 진행하기에 보통 프랜차이즈 매장 하나를 내는 데 십 개월 정도가 걸린다. 그런데 우리나라는 보름이면 프랜차이즈 매장 하나가 문을 연다. 마감 날짜를 받아놓으면 철야를 해서라도 완성시키는 것이다.

하루아침에 등장하는 인기 연예인처럼 하루아침에 기업가가 되는 경우가 종종 있다. 인기를 끌면 매스컴까지 연계되어 떠들썩하다. 그러다보면 기업가정신을 가지고 기업을 안전하게 꾸려가는 내부 조직이 없는 경우가 있을 수밖에 없다. 누군가 컨설팅을 하면 사기꾼이라고 생각하지 내 기업을 정확하게 검토해준다는 믿음을 갖지 못한다. 조금 큰 기업들도 컨설팅 결과가 자신들의 마음에 들지 않으면 그걸 부정하고 받아들이지 않는다. 그래서 결국 리스크가 발생하고, 치명적인 손실을 입게 된다.

경영에는 늘 큰 손실의 위험이 따르는데 회사에 가보면 마케팅팀, 디자인팀은 있어도 정작 리스크 관리팀은 없다. 보험을 계약해놓았으니 됐다고 생각한다. 보험 가입 후에 어떻게 활용해야 하는지 교육을 병행하면서 사업을 해야 하는데 너무 관리 없이 사업을 하는 것이다.

CEO가 직접 나서서 리스크 발생에 대비해야 한다

기업의 리스크는 크게 세 군데에서 생긴다. 첫 번째 리스크는 기업에서 발생한다. 따라서 기업이 부동산을 소유하고 있는 것에 대해 원상 복귀할 수 있는 안전장치를 마련해두어야 한다.

두 번째 리스크는 직원들에게서 발생한다. 평소에 직원들과의 관계가 원만해야 한다. 직원들에게 함부로 하고 억하심정을 갖게 하면 그 직원이 더 이상 참을 수 없을 때 '내부 고발자'로 돌변할 수 있다. 기업이 백마진을 받았다거나 불량 재료를 사용했다는 식의 폭로가 있으면 소비자들은 불매운동을 하거나 냉정하게 돌아선다. 요즘에는 전산에서 기업의 모든 것을 세세하게 볼 수 있도록 시스템이 잘되어 있어서 이런 문제가 생기면 한순간에 기업이 무너지기도 한다. 물론 가장 좋은 예방책은 누가 와서 봐도 탈이 없을 정도로 도덕적으로 깨끗하게 경영을 하는 것이다. 최근에는 세무조사와 국세청 최첨단 전산 시스템 덕분에 많은 기업이 투명하게 운영되고 있다.

세 번째 리스크는 세금이다. 기업가가 과표 기준 30억 원 이상을 소유하고 있으면 상속세율이 최고 오십 퍼센트다. 제일 안타까운 것은 기업가들이 자신의 부재 상황을 생각하지 않는다는 점이다. 기업이 성장하고 잘나갈 때 세금 문제에도 대비해야 하는데 조언을 듣지 않는다.

프랜차이즈 기업은 대부분 주식 백 퍼센트를 자신이나 가족이 갖고 있다. 융자를 얻어서 투자하지 않기 때문에 오너의 자산총액이나 법인자금이 30억 원 이상인 경우가 대부분이다. 그러다가 오너가 사망하면 주식 백 퍼센트가 상속되고 최고세율 오십 퍼센트를 육 개월 내에 현금으로 국세청에 내야 한다. 갑자기 자산의 최고 오십 퍼센트에 해당하는 현금을 세금으로 내고도 잘 돌아갈 기업이 과연 얼마나 있을까? 일례로 양천구 세무서 건물이 무척 화려한데 그 건물은 원래 웨딩홀이었다. 건물주가 세금을 감당하지 못해서 국세청이 물납으로 받은 것이다. 이처럼 미리 리스크를 대비하지 않아 낭패를 보는 사례는 셀 수 없이 많다.

매출에 앞서 리스크부터 점검하라

큰돈을 번 기업가는 많은데 리스크 관리가 잘된 기업은 많지 않다. 그래서 대한민국 기업들의 수명이 짧은지도 모른다. 미리 준비하려는 의식만 있으면 개인으로도 준비할 수 있고 법인으로도 준비할 수 있다.

국가 입장에서도 기업이 오래 존속되지 않으면 매해 세금을 받지 못한다. 수익이 발생하지 않으니 당연한 일이다. 때문에 국가에서도 기업에 안전장치를 마련하라고 권유한다. 종신보험에 가입하면 한 번에 가장 손쉽게 조치를 취할 수 있다. 법인자금이나 이익금이 있으면 오십 퍼센트에 해당하는 상속세를 내야 하는데, 상속액이 과세표준 100억 원이라고 가정하면 50억 원의 세금을 내고 유동성이 부족해져서 기업이 파산할 수도 있다. 그런데 50억 원 규모의 종신보험에 가입하면 불입금보다 더 많은 개런티를 받는다. 50억 원에 건물을 사서 시가 100억 원이 되는 개런티를 그 건물로 받은 것이나 다름없다. 가입한 순간부터 한 번만 불입해도 그 돈을 받는다. 물론 중간에 돈을 대출받아서 사업자금으로 쓸 수도 있다. 그런 안전장치는 생명보험밖에 없다.

생명보험은 원래 유대인들이 가장의 사망을 대비해서 만든 것이 시초라고 한다. 그런데 기업인들은 이것을 잘 알지 못한다. 기업인과 기업 간에 발생하는 문제를 단순화해 파악하고 기업이 제대로 굴러갈 때 미리 준비하면 리스크가 없어짐에도 불구하고, 안전장치를 마련하려는 사람들이 많지 않은 것은 안타까운 일이다.

매출만을 위해서 회사를 경영하면 리스크가 보이지 않는다. 선진적인 법이 들어오면서 매장에서 일어날 수 있는 리스크는 더욱

증가했다. 매장에서 상품을 팔든지 서비스를 팔든지 고객에게 배상해야 할 책임이 점차 늘어나고 있다. 그것이 확산되지 않도록 하는 방법을 직원들에게 교육시켜야 한다. 사업을 단계별로 잘하는 방법보다 망하지 않는 방법, 리스크 예방, 이런 것만 잘해도 사업은 잘 굴러간다.

그런 구조를 만들려면 오너가 직원들과 브레인스토밍을 해서 매뉴얼을 만들어야 한다. 직원들은 브레인스토밍 미팅이 있기 전에 현장에 가서 눈에 보이는 리스크를 체크해보고, 거기에 대한 아이디어를 정리해서 매뉴얼을 함께 만들어야 한다. 보통 대표들은 리스크보다는 전략적인 것을 중요하다고 생각하고, 직원들은 부서별로 빨리 성과를 올리고 매출을 늘리는 것에만 신경 쓴다. 그러다보니 리스크 천국이 되는 것이다.

뭔가 하나 걸리기만 하면 상대가 누구든 그것을 나쁘게 퍼트리려는 사람들이 생각보다 많다. 퍼트리는 것도 SNS에서 바로 퍼트린다. 그러면 손쓸 틈도 없이 고객들이 떨어져나간다. 그런 일이 생기기 전에 리스크 방지를 위한 기본 매뉴얼을 전문가와 상담해서 완벽하게 만들어놓아야 한다. 리스크를 백 퍼센트 없앨 수는 없어도 최소한으로 줄일 수는 있다.

기업의 미래를 위한다면 그리고 당신의 플랫폼을 지키고 싶다면 매출이 아니라 리스크부터 점검하라.

선한 영향력을 지닌 사람에게 물들자

예전에는 기업 대표들이 매일 공부한다는 생각을 하지 않았다. 그런데 중앙대학교에서 해외연수 프로그램을 진행하다보니 유명한 맛집 대표는 사업에 필요한 공부 또한 열심히 하고 있었다. 국내 외식 동향을 살펴보고 해외 트렌드를 살피면서 틈나는 대로 마케팅 공부까지 하느라 몸이 열 개라도 모자랄 정도로 열심이었다.

처음에는 이미 만들어놓은 시스템이 알아서 굴러가는데 뭘 저렇게까지 열심히 하나 생각했다. 그런데 기업이 잘 유지되는 이유가 대표들의 끝없는 노력이 있었기 때문이라는 걸 깨달았다. 가만히 지켜보니 연수 프로그램을 마치고 나면 대표들은 궁금한 것을 인터넷 검색을 통해 확인한다. 끊임없이 맛집을 찾아가 재료와 맛을 내는 비율과 비법을 연구하고, 먹어보고 사진 찍어서 비교·분석한다. 나 역시 학교를 다닐 때보다 대표님들과 한 공부가 더 많은 것 같다. 현재의 성공에 안주하지 않는 그들의 노력을 지켜보면서 나 또한 동반 상승의 효과를 누리고 있다.

외식업계에는 여러 잡지가 있는데 그중에 창간한 지 삼십 년이 넘은 《월간 식당》이 있다. 발행인인 박형희 대표님은 삼십 년 전에 식당 사장님들에게 운영에 필요한 교육을 하기 시작했다. 그렇게 해서 평범한 식당 아줌마를 그룹사 회장으로 만든 장본인이기도 하다. 식당은 '맛있게 만들어서 팔기만 하면 된다'는 통념이 강한 시절이었다. 그때 교육 내용을 책으로 묶어 정보를 제공한 것이다.

1990년대 초중반만 하더라도 사업하다 망하면 '식당 하면 밥은 안 굶겠지' 하고 전문성 없이 식당을 시작하곤 했다. 하지만 박형희 대표님은 서비스 교육부터 시작해 음식의 식재료를 부가가치 있는 것으로 바꿔서 다른 매장과 차별화시켰다. 해외연수를 통해 선진국을 벤치마킹하고 식당을 브랜드화했다. 그리고 직원을 단순히 일 시키고 지시하는 존재가 아닌 성장의 파트너로 인식하도록 교육했다. 식당을 운영하는 자세 또한 바꿔놓았다. 단순히 가게를 운영하는 것이 아니라 전문경영자의 마음가짐으로 사업을 운영할 수 있도록 교육한 것이다. 박 대표님은 삼십 년 전부터 혜안을 가지고 선진적인 외식업문화가 우리나라에 뿌리내릴 수 있게 일궈나가신 외식업계의 아버지 같은 분이다.

1990년대에 해외여행이 자율화되면서 외식사업이 글로벌화되자 퓨전 메뉴 개발의 필요성을 역설했고, 국내 경기가 좋지 않을 때 불황을 어떻게 이겨낼지, 식당을 어떻게 마케팅할지, 또 바이럴 마케팅을 할 때 젊은 친구들의 빠른 감각과 검색 속도를 따라가려면 어떻게 해야 되는지 등의 과제를 끊임없이 던져주셨다.

해외연수를 떠날 때면 출발할 때부터 공동체의 시간이 얼마나 소중한지 깨닫게 하기 위해 지각하면 일 분당 1만 원을 내게 한다던가, 연수생들의 친목 도모를 위해 명찰을 달지 않으면 벌금을 내게 했다. 공동으로 정한 규칙을 지키지 않아서 참가자들에게 시간적 손해를 입히고, 연수 일정에 차질을 빚는 일이 없게 한 것이다.

박 대표님은 해외연수가 시작되면 우리가 방문할 곳에 대한 설명과 무엇을 배우고 느껴야 하는지 등의 내용을 정리한 책을 주신다. 물론 먹으러 왔기 때문에 술도 마시고 놀기도 하며 자유롭게 일정을 소화한다. 하지만 연수라는 공동의 목표와 정해진 규칙은 지킬 수 있도록 개별 코칭을 하듯 세세한 부분까지 알려주신다. 토론하고 발표도 시키며 "김 사장! 한식당과 일식당이 뭐가 달라?" 하는 식의 질문을 통해 한 명 한 명이 스스로 답을 찾게 독려하신다. 따뜻한 마음과 적극적인 리더십을 엿볼 수 있는 부분이다.

어느 정도 성공하면 일주일에 한두 번씩 골프 치러 나가고 경영을 게을리하는 기업 대표들도 적지 않다. 하지만 주변에서 이만하면 성공했다고 해도 더 큰 꿈을 이루기 위해 꾸준히 노력하고 공부하는 분들도 많다. 프랜차이즈 기업의 브랜드가 유명해지면 대표도 사회적으로 변화할 수밖에 없다. "맛보다 정직한 것이 어디 있으랴?"라는 말처럼 '정직한 약속'을 수행하는 '인간 브랜드'가 되기 위해 노력해야 하는 것이다. 꾸준히 공부하고 성장하는 기업들은 정말 멋지다. 초심을 잃지 않고 바른 먹거리를 제공하고 척박한 환경에 있는 사람들을 돕는 모습이 보기 좋다. 사회를 발전시키는 의미 있는 일에 가진 것을 환원하는 모습은 특히 아름답다.

선한 영향력을 지닌 사람이 조직과 사회를 조금씩 바꿔나가는 것은 좋은 플랫폼이 유기적으로 생겨나는 과정이라고 할 수 있다.

당신도 인간 플랫폼이
될 수 있다

공부하면서 많은 사람들을 만나니, 그 안에서 무궁무진한 비즈니스 기회가 창출되었다. 예를 들어 프랜차이즈 기업의 오픈 파티에는 프랜차이즈 기업 대표는 물론 장비업체 대표, 세무사와 변호사 등 다양한 분야의 사람들이 모인다. 프랜차이즈 전문가과정이나 최고경영자과정 동기들도 많이 오기 때문에 해외 진출을 위한 연수 프로그램을 의논하기도 하고, 진정한 사업가로 거듭나기 위해서 갖추고 배워야 될 것에 대한 이야기를 나누기도 한다.

예전에는 외식 프랜차이즈 최고경영자과정이 내가 이용하는 플랫폼이었다. 그곳에 온 다른 사람들과 대화를 나누고 집으로 돌아오곤 했다. 그때의 나는 주어진 플랫폼을 이용하는 승객에 지나지 않았다. 승객 한 명이 플랫폼이 아닌 다른 장소에 서 있다고 해서 그곳이 플랫폼이 되지는 않는다. 그러나 불과 몇 년 사이에 이제는 내가 플랫폼이 되어 사람들을 맞이한다. 내 플랫폼을 이용하려고 사람들이 찾아오게 된 것이다.

내가 플랫폼 역할을 할 수 있게 된 것은 앞서 언급했듯 모임에서 임원을 맡았기 때문이다. 학기마다 새로운 기업의 대표님들이 입학을 하고 후배 대표님들을 만나다보면 소통하고 질문하고 토론할 일이 많을 수밖에 없다. 그러다보니 동기는 물론, 매년 새로 입학하는 후배 대표님들의 플랫폼이 되는 것이다. 중앙대학교 GFMP에서는 교수로 활동하기 때문에 나를 중심으로 한 플랫폼이 존재한다. 불과 몇 년 만에 나의 플랫폼을 만든 것처럼 이제는 많은 사람들이 자신의 플랫폼을 다각화해 만들어나갔으면 하는 바람이다.

나는 최고경영자과정 다섯 곳에 가서 공부를 했는데 제각기 기수, 동문회, 협회가 이미 있었다. 어느 정도 공부를 하다보니 이제는 내 그릇을 담을 수 있는 플랫폼을 새로 만들어야겠다는 결심을 했다. 내가 배우던 기존 공부 방법과 달리, 피드백을 받고 계속 개선해나가는 플랫폼을 만들고자 했다. 내가 만든 플랫폼에는 내 공부보다는 누군가를 가르치는 일이 더 많이 농축되어 있다. 이것은 플랫폼과 플랫폼이 더 진솔하게 가까워지고 깊이 있는 이야기를 하게 되길 바라는 마음에서다.

플랫폼은 살아 움직여야 한다. 사람들이 오고 가고, 이야기가 흘러 다니고, 그 가운데 중심을 이루는 대화(목적의식)가 있고, 사람들이 지속적으로 만남을 이어가야 한다. 그래야 거기에서 새로운 관계와 비즈니스가 파생된다. 내가 간 곳들의 공통점은 '외식'이다. 보통 모임은 만나서 먹고 마시고 흩어지면 그만인데, 내가 참여한 모임들에는 목적의식이 있어서 끊임없이 만나 현장에 가거나 조언을 듣고 좋은 일은 함께한다는 점이 매력적이다.

자신이 흥미를 가진 분야에 관한 지속 가능한 플랫폼을 만들면 사람들이 모인다. 이 플랫폼이 어느 정도 유지되고 활성화되면 자신만의 플랫폼을 만들어보자. 예를 들어, 뜨개질 모임을 만들고 매주 만나서 뜨개질로 만든 제품들을 사진 찍어 카페나 페이스북, 카카오스토리 등 SNS에 올려서 전시하고 판매하는 것도 사람들을 불러 모으는 좋은 플랫폼이다.

자신의 플랫폼을 만드는 것은 쉽다. 어떤 SNS든 내가 보고 느끼고 생각하는 것들을 모아놓으면 그것에 관심 있는 사람들이 모인다. 관심 있는 취미 생활, 종교, 교육 정보 등을 주제로 한 모임에 동참하러 가는 것도 좋지만 자기 플랫폼을 만들어서 확산하면 더 의미 있는 작업이 된다. 자신의 관심사로 플랫폼을 만들어서 확산시키면 그 안에서 '내가 진짜 무엇을 하고 싶은지'가 나오고, 비즈니스가 창출된다. 그러면 당신도 비즈니스 플래너이자 인간 플랫폼이 된다.

지금 당장 자신의 플랫폼을 만드는 것이 자신 없다면 다른 사람의 플랫폼 안에서 살펴보고 소통하면서 여러 가지를 배워두는 것도 좋다. 내 주변을 예로 들자면, 최근에 한 지인에게 푸드얍 제품을 택배로 보내주었다. 그런데 이 사람이 아파트 주민들과 이야기를 나누며 음식을 나눠 먹는 과정에서 주문까지 받아 약 100만 원어치나 제품을 판매했다. 다른 사람들이 볼 때는 '애개, 고작?' 할 수도 있지만 그 지인은 결혼한 이후에 전업주부로 지내며 문화센터를 다닌 것 외에는 사회생활을 전혀 하지 않았다. 그런데 매일 수다를 나누는 장소를 플랫폼화했더니 돈이 된다는 것을 깨닫고 전업주부 십칠 년 만에 처음으로 자신의 플랫폼을 만들어 비즈니스를 시작했다.

자신이 가지고 있는 것으로 자연스럽게 시작하다보면 플랫폼이 없는 사람은 없다. 그런 것이 있는지조차 모르고 살았는데 한번 시작하면 어느 순간 자신이 플랫폼이 되어 있음을 깨닫게 된다. 그래서 플랫폼은 소통의 중심이 된다. 플랫폼이 사람과 사람, 사람과 비즈니스, 비즈니스와 비즈니스 등 모든 것을 연결시켜주기 때문이다.

많은 사람들이 망설이는 사이에 기회는 다른 사람들에게 넘어간다. 기회를 잡고 싶다면 항상 사람들 중심에 서 있어야 하고, 중심에서 내가 어떤 매개체 역할을 하면서 발전해나갈지를 지속적으로 생각해야 한다. 내가 가진 게 없다고 할지라도 누군가를 연결시키면서 플랫폼 역할을 하면 나만이 할 수 있는 일이 분명히 생긴다.

4장

인간 플랫폼이 되어
성공 신화를 이룬 기업가들

어느 날 갑자기 성공한 사람은 없다. 모든 성공의 뒤안길에는 우여곡절과 절치부심의 사연이 서려 있다. 시행착오 속에서 판단 착오를 줄여가는 자기만의 노하우도 그 과정에서 나온다. 그 과정에서 인간 플랫폼의 전형이자 사업으로 위업을 달성한 롤모델들을 소개한다. 남들처럼 되기보다는 자신만의 사업철학으로 플랫폼 위에서 저마다의 비즈니스를 요리한 신화 창조의 주인공이다.

당신은 지금 어떤 비즈니스 신화를 준비하고 있는가?

브랜드 호감도를 높이는
소통의 대가

· 박천희 원할머니보쌈 대표 ·

　　사회생활을 하다보면 많은 사람들을 만난다. 그런데 사회생활을 하면서 만난 사람들에게 연륜과 경륜을 인정받고 어른으로서 존중받는 것은 쉬운 일이 아니다. 사회활동을 하면서 나이 먹는 것이 좋을 때도 있지만 그만큼 무게감을 느끼는 경우가 많다. 또한 사회적으로 성공한 대표님을 만났을 때 선뜻 말을 걸기도 어렵다.

　　외식 프랜차이즈 일을 시작하면서 기업인들과 함께 프랜차이즈산업협회 관련 행사와 해외연수에 참석하는 일이 많아졌다. 행사 때마다 느끼는 것은 대표님들이 귀빈석에 모여 계시기 때문에 쉽게 말을 붙일 수가 없다는 것이다. 행사는 자주 있으나 그저 형식적인 인사만을 하고 돌아서는 경우가 많다. 예전에 해외연수를 갔을 때의 일화다. 이동하다가 식사 시간이 되면 기업 회장님들께 묻고 싶은 것도 많고 함께 같은 테이블에 앉아서 이야기를 나눴으면 좋겠다는 생각을 한다. 하지만 선배 기업가들이 먼저 손 내밀어 같은 테이블로 이끌어주시기까지 같은 테이블에 앉기란 쉽지 않다.

그런데 후배들의 그런 마음을 알고 털털하게 먼저 말을 걸어주시는 선배 기업가가 있다. 바로 원할머니보쌈의 박천희 대표님이다. 원할머니보쌈은 다양한 브랜드를 확보하고서 사십 년 넘게 승승장구하고 있는 대한민국의 대표적인 외식기업이다. 박 대표님은 외식 공부를 열심히 하신다. 공부하러 오실 때는 친한 친구인 무화잠의 박명한 대표님과 함께 오셔서 후배 기업가들에게 궁금한 것도 물어보시고 본인들 사업에 관해서도 이야기하자고 하신다. 연수 왔을 때가 서로의 생각을 이야기 나눌 가장 좋은 타이밍이라며 먼저 다가와서 편하게 말을 걸어주신다.

그렇게 인연을 맺고 나면 후배 사업장에 오셔서 응원도 해주시고, 본인 기업으로 초대해주셔서 그동안의 기업 스토리도 들려주신다. 매장에 가서 함께 식사를 하면서 브랜드 스토리, 식자재에 대한 이야기, 마케팅 관련 이야기 등을 해주신다. 후배 기업가들과 자주 소통하고, 그들이 어떻게 마케팅하는지도 들으면서 함께 열심히 공부하신다. 새로운 트렌드를 알기 위해 소셜마케팅 강의 등에도 동참하신다.

기업에 첫 방문을 할 때면 차량이 들어가는 입구에서 경비원이 먼저 반갑게 반기고 본사로 안내를 해준다. 엘리베이터 앞에서부터는 비서가 미팅하는 곳까지 안내를 해주고, 미팅할 때는 해당 부서원들과 함께한다. 미팅을 마치고는 브랜드 매장으로 가서 박 대표님이 직접 구석구석 설명을 해주신다.

한번은 천안 본사에 위치한 원할머니보쌈의 김치 공장을 견학한 적이 있다. 급작스럽게 현장을 방문했음에도 불구하고 위생 상태가 완벽했고 정리 정돈도 깔끔하게 되어 있었다. 대개의 기업은 불시에 공장 방문 시 견학이 불가하고, 또 실제 견학 시에 위생상의 문제가 있는 경우를 많이 봤는데 원할머니보쌈의 경우 기업경영 차원에서 시스템을 제대로 갖추고 일하고 있었다. 독서경영을 하고 있다는 것도 신선한 충격이었다. 공장의 현장 직원부터 매장 직원, 사무실 직원들까지 같은 책을 함께 읽으면서 각자의 시각을 키우고 있었다.

또한 박 대표님은 강의가 있어서 참석한 행사의 외부 강사진 강의도 모두 청강하시고 강의가 끝난 후에는 외식상품권을 증정함으로써 부하 직원들을 위해 노력한 강사진이 자사 브랜드를 체험해볼 수 있도록 안내하신다. 이러한 박 대표님의 모습에서 자사 브랜드에 대한 애정이 엿보이며, 직원과 고객을 배려하고 존중하는 느낌을 준다. 자연히 브랜드 호감도도 높아진다.

이 모든 노력들이 있었기에 원할머니보쌈이 사십 년 이상 외식기업으로 장수할 수 있었던 게 아닌가 싶다. 인간 플랫폼의 기본은 상대와 거리감을 줄이고 소통하는 것이라는 사실을 박천희 회장님을 통해서 다시 한 번 알 수 있었다.

능률적으로
시간과 인재를 활용하라

·홍경호 굽네치킨 대표·

오케스트라의 지휘자는 직접 피아
노를 치거나 바이올린을 연주하지 않는다. 지휘자의 악기는 '오케
스트라'이기 때문이다. 마찬가지로 능력 있는 기업 CEO는 어떤 일
을 가장 잘 해낼 수 있는 인재를 적재적소에 배치할 뿐, 자신이 직
접 제품개발부터 마케팅까지 모든 일을 해내지는 않는다.

조직의 상부에 있는 사람일수록 필요한 것은 책임감 있는 조율
능력이지 개별적인 업무 능력이 아니라는 소리다. 스티브 잡스가
공장에 가서 직접 스마트폰이나 컴퓨터를 만들고 있을 필요는 없
다. 아니, 그래서는 안 된다. 그 상황에 필요한 사람이 누구인지를

알아내어 적절한 자리에 인재를 배치하는 것, 그것이 조직의 책임자가 할 일이자 인간 플랫폼이 할 일이다.

내가 인간 플랫폼이라고 자부하는 이유 역시 이와 맥락을 같이 한다. 인간은 모든 것을 잘할 수 없다. 나는 다만 어떤 상황에서 누구를 찾아가야 하는지, 누가 핵심 키워드를 갖고 있는지를 잘 알고 있을 뿐이다. 적재적소를 알고 필요한 곳에 연결시켜 주는 것, 이것이 플랫폼으로서의 내 역할이다. 그런 의미에서 가장 인상적인 CEO가 바로 굽네치킨 홍경호 대표님이다.

홍 대표님은 재미있는 장난꾸러기 남동생 같은 캐릭터다. 그런데 홍 대표님을 직접 만나보니 사무실에 북카페를 연상시킬 말큼 책이 엄청 많고 의외로 매우 차분했다. 알고 봤더니 사색을 많이 하고 생각 정리를 잘하는 은둔형으로, 대외적으로 잘 활동하지 않는 차분한 분이었다. 그동안의 느낌과는 달라서 의외였다.

명함을 드렸더니 첫마디가 "지금 하시는 일이 구체적으로 어떤 거죠?"였다. "기업에서 리스크가 발생하는 것을 대비하고자 가입한 보험증서를 분석합니다. 그리고 실제 현장 방문을 통해 발생 가능한 사고에 대비해서 필요한 보장 내역을 분석해드립니다"라고 했더니 바로 재경팀을 호출했다. 재경팀에서는 오 분도 채 안 돼서 보험증서를 가지고 왔다. 본인보다 담당자에게 자세히 이야기를 해달라고 하셨다. 이어서 리스크 최소화를 위한 내부 직원교육도 시켜준다고 했더니 인터폰으로 "인사팀 들어오세요"했다. 무슨 말이든 끝나기 무섭게 해당되는 팀을 바로 연결해주셨다. 이십 분 만에 두 개 부서와의 미팅이 끝났다. 그리고 임원 중에 사업 초반부터 같이 일했던 직원과 만드는 신규 브랜드 계획과, 회사 초반 스토리를 이야기해주셔서 그 기업을 더 명확하게 알 수 있었다.

나오면서 생각하니 시간 활용과 인재 활용을 효율적으로 하시는 분임을 알 수 있었다. 이십 분 만에 일을 빨리 끝내고 남은 시간에 본인의 사업 확장 이야기를 들려주신 셈이다. 회사 업무는 가장 잘할 수 있는 사람에게 위임하고 본인은 자신이 잘하는 일, 자신이 하고 싶은 일을 하는 것이다. '이래서 기업이 빨리 성장했나?' 싶은 생각이 들었다.

직원들 복지 혜택도 굉장히 좋았다. 나중에 홍 대표님이 쓰신 책을 보고 알았는데 좌우명이 '역지사지(易地思之)'였다. 역지사지가 생각보다 쉽지 않은데 홍 대표님은 놀라울 정도로 제대로 실천하고 계셨다. 나뿐만 아니라 다른 협력업체 대표님들에게도 어떤 것을 제안하면 피드백을 빨리빨리 해주신다. 그래서 협력사들에서도 좋은 파트너로 평가받는다.

프랜차이즈 기업은 종합예술을 한다. 음식을 잘하는 것은 기본이고, 인테리어도 감각적으로 잘해야 하며, 고객이 요구하는 서비스를 재빨리 간파해서 경쟁력을 갖춰야 한다. 지휘자에 해당하는 CEO가 직접 나서서 여기저기 간섭하다가 실수하는 경우도 많은데 굽네치킨은 철저하게 직원들을 믿고 일을 맡긴다. 보통의 기업들을 보면 대표가 혼자 진두지휘하고 땀 흘리는 동안 직원은 뒤에서 구경하는 경우가 많다. 그런데 굽네치킨은 대표가 직원들에게 적재적소에 일을 매칭해주고 직원이 맡은 일을 하도록 지휘만 할 뿐이다. 그러니 밖에서 보는 기업의 모습이 조화롭고 성과 또한 좋을 수밖에 없다.

홍경호 대표님은 파파이스에서 십 년 동안 일하며 튀김 닭에서 구이 닭으로 발상을 전환해 창업하였다고 한다. 생각이 틀에 박히지 않고 자유롭다보니, 치킨을 기름에 튀기는 것이 아니라 굽는다는 발상이 나오는 것이다.

기업 인사 담당자가 부서별로 재능 있는 좋은 직원을 뽑아서 적절한 자리에 배치하는 것처럼, 사람을 소개받거나 만날 때도 첫 미팅에서 명함을 교환하는 순간 결론을 빨리 내줄 줄 알아야 한다. 상대의 제안에 명확한 답을 주지 않고 이리저리 두드려보고 계산하는 시간이 길어질수록, 기다리며 눈치를 봐야 하는 상대방은 호감과 열정이 점차 줄어들게 된다. 신속한 판단은 시간 낭비를 줄여줄 뿐만 아니라, 더 중요한 비즈니스(플랫폼)에 시간을 안배해줄 수 있게 만들어준다.

굽네치킨이 안정적으로 성공할 수 있었던 기반은 훌륭한 인재 플랫폼이 있었기 때문이다. 비즈니스는 결국 적재적소에 주요 인재를 배치하고 그들이 제대로 업무를 처리할 수 있는 환경을 만들어주는 일임을 홍 대표님의 지혜에서 배울 수 있었다.

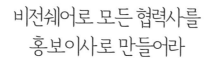

비전쉐어로 모든 협력사를
홍보이사로 만들어라

· 소상우 스트릿츄러스 대표이사 ·

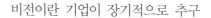

비전이란 기업이 장기적으로 추구하는 가치관과 목표, 사업 방향 등을 포함하여 조직원 모두가 공유하는 경영 구상을 말한다. 기업이 성공·발전하기 위해서 비전을 세우는 것보다 더 중요한 일은 직원과 관계자들이 그 비전을 공유하는 것이다. 모두가 같은 목표를 향해 나아가야 하는 것이다.

기업의 비전을 조직원들이 공유하기 위해서는 CEO의 역할이 중요하다. 스티브 잡스는 "리더십이란 비전을 갖고 그것을 알아듣기 쉬운 말로 사람들에게 설명하여 그 비전에 대한 신념의 일치를 이끌어내는 능력이다"라고 했다. 기업의 CEO가 비전을 구성원들과 공유하지 않는다면 기업이라는 배는 한 방향으로 나아갈 수가 없다. 기업의 CEO와 그 구성원들, 그 기업을 돕는 외부 조직과 협력사 모두가 비전을 공유해야 하나의 기업이 성공하고 발전할 수 있다.

비전쉐어(vision share)를 생각하면 제일 먼저 떠오르는 CEO가 소상우 스트릿츄러스 대표이사다. 삼십 대 중반의 그는 직원, 협력사는 물론이고 만나는 모든 사람과 비전쉐어를 한다. 나도 어느 순간 그의 비전에 젖어 들어서 스트릿츄러스 사외이사로 활동하고 있다.

삼십 대 중반인 소상우 대표이사와 대화를 나누다보면 백 세는 된 듯한 초연함이 느껴진다. 그는 많은 사람들에게 비전을 이야기하고 본인 기업에 무료 자문을 하게 만든다. 아마도 비전쉐어가 되어 자신도 모르게 자문위원을 해주는 컨설턴트를 가장 많이 보유한 기업이 아닐까 싶다.

소 대표이사와 함께 미국에 공부하러 간 적이 있다. 그날 비행기에서 소 대표이사는 나에게 꿈을 물으면서, 그 꿈을 다 이룬 후에 무엇을 할 거냐며 자꾸 그 이상의 꿈을 물었다. "지금 하고 싶은 일이 뭐예요?"라는 질문에 "100억 원을 벌고 싶어요"라고 하면 "그래요. 100억 원 벌었어요. 그다음엔 무엇을 하고 싶은데요?" 이런 식의 질문이 이어졌다.

우리는 흔히 당장에 필요한 것 혹은 나중에 갖고 싶고 이루고 싶은 것 그 이상까지는 잘 생각해보지 않는다. 그런데 그렇게 자

인간 플랫폼의 시대

꾸 파고 들어가면 신기하게도 결국 돈과 무관한 꿈이 나온다. 경제적인 것에 구애받지 않고 살 수 있다면 그 이후에는 사회와 인류에 봉사하면서 살아가는 꿈을 내면에 갖고 있는 사람들이 많을 것이다. 나도 내가 인류에 봉사하고 싶은 꿈을 갖고 있다는 것을 그와 대화하면서 알았다. 경제 활동과 연관된 모든 꿈이 이루어진 다음에는 봉사 활동을 할 가능성이 높은 것이다. 그래서 사회적·경제적으로 성공한 연예인들이나 퇴역 정치인들이 봉사 활동을 하면서 살아가는 모습을 종종 볼 수 있다. 오드리 헵번이나 지미 카터 전 대통령처럼 말이다.

소 대표이사는 회사를 성공시킨다는 목표와 사회에 공헌하겠다는 목표를 동시에 이뤄나가겠다는 비전을 가지고 있다. 그의 이야기를 듣다보면 '그래, 네 기업이 잘 성장해서 그 수익으로 네가 원하는 것을 할 수 있도록 재능기부를 할게'라는 생각으로 소 대표이사와 스트릿츄러스를 응원하게 만든다. 소 대표이사는 무엇무엇을 하고 싶다고 생각한 순간 바로 행동으로 옮기는 사람이다. 그리고 상대도 생각하지 못했던 것을 끌어내서 실천하게 만드는 사람이기도 하다. 나만 그런 것이 아니라 많은 사람들이 그와 그의 기업을 돕고 있다.

이렇게 다른 사람들의 협조를 잘 이끌어내는 소 대표이사는 만났을 때뿐만 아니라 만나고 난 후에도 좋은 인상을 남긴다. 헤어지고 나면 감사 문자 메시지도 잘 보내고, 사람들에게 감사의 마음을 표현하는 것을 아끼지 않는다. 생각해보라. 헤어지고 나서 '만나서 반가웠다' 혹은 '만나서 좋은 이야기를 듣고 나니 힘이 난다' 표현하는 게 뭐 그리 어려운가?

말로 다른 이의 협조를 이끌어내고 좋은 관계를 유지해나가는 사람이 있다. 반면 말로 다른 이를 누르고 과시함으로써 상대를 불쾌하게 하는 사람도 있다. 그들은 말로 상대를 누르고 잠시 자기만족을 얻는 것이 결국 자신에게 독이 된다는 사실을 모른다. 말을 듣는 상대도 사람을 평가하고 불쾌함을 느낀다는 사실을 명심해야 한다.

겸손한 마음으로 대화하고 비전을 공유하면 사람들과 협력사까지 홍보이사(무상 자문)로 만들 수 있다. 하지만 입에서 나오는 말을 관리하지 못하고 독설을 내뱉으면 협조 관계에 있는 협력사와 동료들까지 마음을 돌려버릴 수 있다. 하물며 프랜차이즈는 가맹점주, 직원, 고객, 협력사 등 수많은 사람을 상대하는 기업이다. 대중들이 다 아는 브랜드이기 때문에 인기가 순식간에 올라가기도 하지만 사소한 구설수로 사람들이 등을 돌릴 수도 있다. 늘 고객 입장에서 생각하고 고객에게 최선을 다하는 기업이 오래 가는 법이다.

직원에게 함부로 대하거나 협력사에 갑질을 하는 등 좋지 않은 인상을 남기는 것은 절대로 피해야 한다. 앙심을 품은 직원이나 협력사가 내부 고발자가 되어 국세청이나 방송국에 약점을 제보하여 순식간에 매출이 떨어지는 것은 물론, 흔적도 없이 사라지는 기업

　　　　　　　　　　　　　　　　인간 플랫폼의 시대

이 허다하지 않은가?

　"미움도 예쁨도 다 자기에게서 나온다"는 옛말을 두고두고 곱씹어볼 일이다. 나 역시 소 대표이사의 비전 플랫폼을 통해서 스스로의 비전을 생각하는 기회를 가졌고, 사회 발전에 기여할 수 있는 큰 비전을 품게 되었다.

직원의 행복이
모든 비즈니스의 원천이다

·이정열 남다른 감자탕 대표·

선인후사(先人後事)라는 말이 있다. 먼저 사람을 생각하고 일은 그다음이라는 것이다. 좋은 기업은 직원들을 먼저 행복하게 하고, 행복한 직원들이 행복한 마음으로 소비자와 고객을 위해 헌신하고 노력함으로써 좋은 제품을 만들어 이윤을 내게 해야 한다.

특히 프랜차이즈 기업의 제품은 고객이 먹는 음식과 고객에게 베푸는 서비스이기 때문에 그 음식을 만들고 서비스를 제공하는 직원들이 먼저 행복해야 한다. 속이 타들어 가는데 좋은 표정과 좋은 음식, 좋은 서비스가 나올 리 없기 때문이다. 그래서 직원의

인간 플랫폼의 시대

행복은 선택이 아니라 필수다.

직원과 가맹점, 협력업체에 남다른 사랑을 실천하는 분이 있다. 바로 '남다른 감자탕' 이정열 대표님이다. 남다른 감자탕에서는 가맹점을 모집할 때 마치 가족을 새로 맞이하듯 세세하게 인터뷰를 한다. 같은 비전을 가지고 함께 나아갈 수 있는지 스스로 생각하게 하는 것이다. 그렇게 해서 가맹점이 되면 다음부터는 한 가족처럼 여긴다. 그러다보니 가맹점주들이 와서 인생 상담을 하면서 밀접한 이야기를 나누는 일도 많다.

직원들에게도 마찬가지다. 많은 것을 베풀면서 진심으로 직원의 꿈을 위해서 회사를 운영한다. 나 역시 이정열 대표님과의 첫 미팅에서 장시간 인터뷰했다. 이 대표님의 말씀은 내가 과연 진정한 행복에 부합하는 비즈니스를 하고 있는지 생각하게 만들었다. 기업 분석을 하면서 리스크에 대해 이야기했더니 망설이지 않고 직원을 위한 모든 조치를 취해달라고 하셨다. 모든 직원들과 그 가족들이 장차 닥칠지도 모를 위험에 처하게 할 수 없다는 확고한 신념을 가지고 계셨다.

우수직원의 경우 대형 매장임에도 불구하고 가맹점을 오픈할 때 본사에서 창업 지원을 해줄 정도니 가맹점주들이나 직원들의 표정이 좋고 일하면서도 즐겁게 할 수밖에 없다. 대표이사의 이런 마음가짐이 직원들과 수시로 소통하면서 드러나기 때문에 직원들은 회사가 커나가는 것이 자기 꿈이라고 생각한다.

남다른 감자탕은 이 년 전에 전문 CEO를 영입했다. 기업을 더 잘 운영해보고자 기업을 정말로 잘 운영해줄 사람을 찾기 위해 많이 찾아다니고 선택했다. 그런데 그렇게 영입한 CEO의 연봉이 높으니 본인에게 월급을 주지 말고 그 몫을 영입한 CEO에게 주라고 하셨다. 직원들이 꿈을 갖고 회사를 나가서 창업하면 지원금을 주고, CEO 영입을 위해 자기 급여를 포기하고, 기존 임원들이 신규 브랜드를 만들 수 있도록 지원해주는 CEO는 드물다. 이런 사람이 운영하는 프랜차이즈라면 잘되지 않을 리가 없다. 서로의 진정한 행복을 위한 꿈을 공유하기 때문에 직원 한 사람 한 사람이 모두 CEO처럼 회사를 생각하고 운영할 수 있는 것이다.

남다른 감자탕 직영매장에서는 아침마다 조회를 한다. 직원들은 매일 아침 자신의 꿈을 발표하면서 행복하게 하루를 시작한다. 직영매장을 둘러보면서 인상적이었던 것은 직원 탈의실에 꽂혀 있던 생화다. 꽃이 피어 있을 정도로 공기도 맑고 좋은 환경에서 근무하고 있음을 인식시켜주고 싶어서 그렇게 한다고 한 직원에게 전해 들었다. 그리고 본사 휴게실, 일명 '남다른 다방'은 마사지를 받으며 휴식하고 직원들의 꿈 이력서를 공유할 수 있는 공간이다. 또한 가맹점주들의 사진을 보며 서로의 꿈과 행복한 순간을 공유할 수 있도록 해놓았다.

내가 원하는 것이 무엇인지 모른 채, 진정한 행복감을 느끼지 못하고 살아가는 사람들이 많다. 나는 이정열 대표님과의 만남을 통해 진정한 행복을 위해 포기해야 하는 것과 정도를 걸으며 리더의 입장에서 취해야 하는 행동 수칙을 배웠다. 그리고 행복한 플랫폼을 지속적으로 확대하고 있다.

영감을 주는 리더,
공감을 넘어 감동을 선사하다

· 켈리 최 스시델리 대표 ·

멘토만큼이나 중요한 것이 롤모델이다. 멘토가 현명하고 강하게 정신적인 부분을 채워주어서 멘티가 어떤 일이든 해나갈 수 있는 자신감을 심어준다면, 롤모델은 인생 전반 자체를 닮고 싶은 사람이다. 내게 롤모델이란 사회적인 성공을 스스로 이루어낸 것은 물론, 가정생활까지 조화롭게 유지하며 진정한 행복을 누리며 사는 사람이다. 나에게 그런 분은 바로 스시델리 켈리 최 대표님이다.

켈리 최 대표님은 프랑스를 시작으로 오 년 만에 유럽 11개국에 스시 도시락 매장을 열어 4,000억 원 매출을 달성하신 분이다. 대한민국 여성 파워를 유럽에서 보여주는 CEO다.

그분이 처음 중앙대학교 GFMP에 강연하러 들어서는 순간 긍정에너지와 어마어마한 영향력이 확 느껴졌다. 그런 엄청난 분과 대화를 하다가 우연히 딸 하나를 키우는 공통점을 발견하고 육아에 관한 이야기를 나누었다. 그리고 두 달 후에 각자의 딸아이를 데리고 일박 이 일 여행을 떠났다. 우리 두 사람은 여행지에서 많은 이야기를 나누며 친자매처럼 소소한 일상을 공유했다.

여행에서 돌아오던 날, 켈리 최 대표님은 내 딸에게 유럽을 보여주고 싶다며 초대를 했다. 한 달 후, 우리 모녀는 유럽에 갔고, 그곳에서 스시델리 본사의 기업문화와 사업 초반에 기적처럼 일어난 모든 일들을 듣고 가슴이 뛰기 시작했다.

당시는 스시델리 본사를 유럽의 심장인 영국으로 이전하려고 지점 몇 개를 내고 막 영국에 진출하기 시작한 시점이었기에 많은 기대를 안고 사무실에 방문했다. 그런데 그곳에서 뜻밖의 문화적 충격을 받았다. 사무실에 회장실이 없는 것은 물론, 커피숍에나 있을 법한 10인용 큰 테이블에 노트북을 펴고 앉으면 그곳이 자신의 자리가 되는 것이었다.

더욱 놀라운 건 매출 4,000억 원을 달성한 회사인데 회장님에게 이름을 부르고 점심시간도 잊은 채 모두들 업무에만 집중하고 있었다. 멋스러운 사무실과 켈리 최 대표님을 깍듯하게 대하는 직원들을 상상했던 나로서는 문화적인 충격이 아닐 수 없었다. 어느새 나의 표정을 읽은 대표님은 유럽의 기업문화에 대해서 설명해주셨다. 그리고 어떻게 직원들이 회사 일을 자기 일처럼 하게 되었는지 이야기해주었다.

켈리 최 대표님은 사업 초반부터 매출 500억 원을 달성할 때까지 사무실 없이 사업을 했다. 첫 메뉴를 개발할 당시에도 쉐프들이 집으로 출근해 집 주방에서 음식을 하나씩 만들며 진행했다고 한다. 또한 사업 초반에는 간단한 전략 미팅과 가맹점 개설 업무를 위한 외부 근무가 주 업무였기에 사무실의 시설은 그다지 중요하지 않았다고 하니, 보통의 우리나라 기업가들이 생각하는 사업에 대한 통념을 깨기에 충분하고도 남았다.

최근에는 프랑스 갤러리아 백화점 뒤편에 위치한 본사 건물을 매입할 정도(미국으로 치면 뉴욕 타임스퀘어 광장의 빌딩을 매입한 것과 마찬가지다)로 급성장했다. 하지만 프랑스 직원들의 노력으로 이루어낸 성장이니 만큼 영국으로 진출할 때 많은 자금을 투자하는 대신, 모두가 절약해서 분기별로 최상의 장소에서 워크숍을 진행하며 직원들이 서로 소통하고 성장하며 발전할 아이디어를 공유하는 것에 더 가치를 두고 있다고 했다.

또한 직원들과 함께 절약하는 것을 생활화하고 영업 이익금을 인센티브로 배분해주기 때문에 누구 하나 불평불만이 없다. 직원들은 업무 시간에 최대한 집중하는 것은 물론, 유로스타를 타고 국가를 이동하는 시간까지도 아까워 업무를 보면서 출장을 다니고 있다.

이것이 기업의 CEO 모두가 원하고 있지만 좀처럼 실행하지 못하고 있는 기업문화일 것이다. 주인의식을 가지고 일하라고 하지만 주인이 아닌 이상 그런 의식은 가질 수 없다. 그런데 스시델리 직원들은 자신의 사업을 하듯이 일하고 있는 것이다.

영국 방문 다음 날 프랑스 본사로 이동했는데 거의 모든 직원이 삼 개 국어가 가능한 유럽인이었다. 단 한 명 한국어가 가능한 직원도 한국 유학 경험이 있는 유럽인이었다. 켈리 최 대표님은 본사에서 만나는 직원들마다 스킨십을 하고 친구를 만나듯 반가운 표정으로 대했다. 사무실 내부에서는 유럽인임에도 모두들 신발을 벗고 편안한 양말을 신고 근무했다. 그만큼 권위의식도 없고, 한국문화를 편하게 적용하는 듯했다.

가장 충격적이었던 모습은 '회장님'이 출근했는데도 대표님이 직접 다가가지 않는 한 직원들은 자신의 업무에만 집중한다는 것이었다. 오히려 대표님이 용무가 있는 직원 자리로 찾아가서 이야기를 나누고 오는 것이었다. 또한 회사 내에서 전망이 좋은 공간은 전부 직원들이 휴식을 취하는 장소로 만들어져 있었다. 우리나라 회사에서 이러한 기업문화를 찾기란 쉽지 않을 것이다.

켈리 최 대표님의 주 업무는 직원이 최대한 실력 발휘를 할 수 있는 환경을 만들어주고, 지속적인 성장을 위해 글로벌 컨설턴트에게 필요한 분야별 코칭을 받아서 적용시키는 일에만 집중되어 있었다.

　켈리 최 대표님은 내게 몇 군데 매장을 탐방할 수 있는 기회를 주셨다. 그때 안내를 해주신 분이 야마모토 상이다. 지금은 칠순 할아버지인 이분은 켈리델리의 첫 메뉴 개발자로, 프랑스에서 삼십 년 넘게 국빈급에게 일식을 대접하는 레스토랑의 일등 쉐프였다. 켈리 최 대표님이 스시델리 초기에 메뉴 컨설팅을 의뢰하자 당시 정년퇴직을 앞두고 있던 야마모토 상은 열혈 청년사업가를 도와준다는 뜻에서 육 개월간 무보수로 메뉴를 개발해주셨다고 한다. 대표님은 그때의 은혜를 잊지 않고 스시델리가 존재하는 동안은 계속 컨설팅 비용을 지급해드릴 계획이라고 한다. 이제는 회사가 성장해서 메뉴개발팀도 있고, 야마모토 상이 연로해 일을 많이 하지 못하지만, 그는 여전히 직원들의 스승이자 아버지 같은 존재로 존경받고 있었다.

　마흔 살의 한국 여자가 프랑스 정부 지원금을 받아 유럽 최고의 유통회사인 까르푸에 제안서를 내고 오 년간 4,000억 원의 매출을 달성한 저력은 기업가정신이 몸에 배어 있어서가 아닐까? 그것은 대표님의 경영 프로세스를 통해서도 정확히 증명된다. 다국적 사람들을 본사 직원으로 먼저 채용하여 이들에게 기업가정신을 심어주고 자국으로 돌아가 지사장을 맡게 한다. 그 지사장들은 가맹점주를 모집할 때 유럽에서 정착하기 힘든 아시아인들에게 소자본 창업의 기회를 주면서 다시 기업가정신을 심는다. 결국 켈리 최 대

　　　　　　　　　　　　　　　　　인간 플랫폼의 시대

표님은 본사 직원부터 지사장, 가맹점주까지 기업가정신으로 무장하게 만들면서 사업을 확산시킨 '지구촌을 대상으로 한 플랫폼의 모델'이기에 나의 영원한 롤모델일 수밖에 없는 것이다.

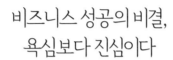

비즈니스 성공의 비결,
욕심보다 진심이다

·유재용 와라와라 대표·

　　프랜차이즈 업계에서 가맹점주들에
게 지속적으로 교육과 피드백을 잘해주기로 소문난 대표적인 업체
가 프랜차이즈 요리주점인 '와라와라'다. 와라와라는 프랜차이즈
기업 중에 벤치마킹하기 좋은 기업으로 유명하다. 나 역시 그런 기
업에서 일해보고 싶다는 생각을 했을 정도다. 이런 내 마음을 알고
계셨던 박재현 한국브랜드마케팅연구소 대표님께서 이 기업의 자
문위원이셨기에 와라와라 대표님과의 자리를 주선해주셨다.

　　빈손으로 가기는 싫어서 무엇을 가지고 찾아뵐까 고민을 했다.
부족한 것이 없는 분이라 선물을 고르기가 더 힘들었다. 무엇을

　　　　　　　　　　　　　　　　　　　인간 플랫폼의 시대

가져가도 별다른 감동이나 감흥이 없을 것 같아서 만나기로 한 당일까지도 선물을 결정하지 못했다. 고심 끝에 출발하면서 소주를 한 병 샀다. 초심을 잃지 않겠다는 것을 표현하고 싶어서 '처음처럼'을 산 다음, 라벨에 초심을 잃지 않겠다고 쓰고 사인을 했다.

만나서 인사를 드렸더니, 프랜차이즈산업협회에서 체육대회를 할 때 선서했던 것을 기억하고 먼저 알아봐주셨다. 대표님 기업을 탐방하고 싶다고 하면서 준비해간 소주 '처음처럼'을 드렸더니 의아한 표정을 지으셨다.

"많이 배우고 싶고 도움이 되는 사람이고 싶어서 초심을 잃지 않겠다는 마음으로 맹세주를 가져왔습니다. 여기에 글을 쓰고 사인도 했어요. 만약에 제가 초심을 잃은 행동을 하면 불러서 원 샷을 시켜주세요."

내 말에 유재용 대표님은 박수를 치면서 웃으셨다. "천 원짜리 소주에 말 한 마디를 더해 그 이상의 가치를 만들었다"라고 하시면서 다음 날 아침 조회 시간에 직원들에게 이야기해야겠다고 하셨다.

기업 투어를 하는 동안에는 회의실 계단이나 집무실에 걸려 있는 문구들이 대표님과 대화하는 느낌을 주었다. 대표님의 마음가짐과 직원에게 공유할 비전이 벽면에 걸려 있었다. 협력사들이 봤을 때 이 회사에서 일하는 직원들은 멋지다는 생각이 들게 해주는 것들이었다. 단순한 장식용이 아니라 기업 대표와 직원들이 어떤 마음가짐으로 얼마나 즐겁게 일하는지를 표현하는 것들이었다.

와라와라는 2000년에 교대 근처 조그만 주점에서 시작해서 여기까지 왔다. 프랜차이즈 업체는 구조상 가맹점이 있어야 수익이 생긴다. 유재용 대표님은 가맹점을 계약할 때 인터뷰를 먼저 한다. 사람들에게 직접 질문하면서 그 사람을 파악한다. "와라와라 가맹점을 열어서 얼마를 벌고 싶어요?" 이때 가맹점을 하려고 찾아온 사람이 돈을 너무 많이 벌고 싶다고 이야기하면, "사장님 그건 안됩니다. 수입의 한계점은 이 정도입니다" 하고 돌려보낸다.

가맹점 수를 늘려야 수익이 창출되는데도 불구하고 과도한 욕심이 있는 사람과는 가맹점 계약을 하지 않는다. 큰 수익을 얻으려고 하는 사람은 예상보다 수익이 낮을 경우 금방 가맹점을 그만두거나 수익을 올리기 위해서 무리수를 둘 가능성이 있다. 어느 가맹점이든 와라와라의 간판을 달고 있는 이상 지속성이 있기를 원하기에 계약 전 인터뷰를 하는 것이다. 그래서 많은 분들이 와서 배워가고, 실제로 교육 현장에 가보면 가맹점주들의 마음가짐 자체가 다른 프랜차이즈와 다른 느낌이다.

와라와라는 점주교육을 별도로 실시한다. 점장이 알아야 하는 내용은 물론이고, 직원들과 소통하는 법에 대한 교육도 한다. 때로는 일과 무관한 소통 강의, 트렌드 강의, 명사 초청 강연 등을 주기적으로 계획해 자체적인 일 년 교육 플랜을 만든다. 거기에다가 메뉴도 분기별로 바꾼다. 생과일을 눈앞에서 갈아주는 수박 반

통 칵테일 같은 메뉴는 원가가 비싸 꺼릴 만한 메뉴인데도 과감하게 도입했다.

와라와라 매장은 전국에 백여 개가 있다. 그런데 대부분의 가맹점들이 꾸준하게 장사가 잘된다. 돈 버는 것만 중시하는 비즈니스로 이루어져 있는 프랜차이즈 업계 상황과는 확연한 차이가 있다. 가맹점의 수익 창출은 뒷전이고 가맹점 수를 늘려서 본점의 수익 창출에만 힘쓰는 프랜차이즈 업체는 가맹점 열 개가 새로 생기면 폐점하는 곳도 두세 개나 된다. 그런데 와라와라는 인터뷰를 통해서 수익이나 여러 여건을 사전 조율한 후 시작하고, 상생하며 가는 것을 중시하는 구조로 되어 있기 때문에 실패가 적고 안정적으로 지속되는 브랜드가 될 수밖에 없다. 개인적으로 주점 브랜드 중에서 제일 잘하고 있는 기업이라고 생각한다.

내가 유재용 대표님을 특별히 만나고 싶어 했던 데는 또 다른 이유가 있었다. 유 대표님을 만나기 전에 와라와라에서 일하는 직원을 본 적이 있는데 그의 명함에는 혈액형과 좌우명까지 기재돼 있었다. 이름과 연락처만 있기 마련인 명함에 개인적인 사항들도 적혀 있어서 그 명함을 받으면 이런저런 대화가 가능할 정도였다. 내가 만났던 직원의 명함에는 미래의 꿈이 협력사 대표라고 쓰여 있었다. 와라와라 계열사 대표, 이것이 그 직원의 꿈이었다. 와라와라 직원들 저마다의 개인적인 꿈과 조직 차원의 비전·목표가 모두 명함에 모두 쓰여 있다고 했다.

이 일을 계기로 와라와라의 대표가 어떤 사람인지 매우 궁금해졌다. 더욱이 직원의 명함에는 이런 문구도 있었다. "단순히 영업 목적으로 일하는 것이 아니라 기업에 봉사하고, 배움을 받는 기업을 고객사로 많이 둔다." 얼마나 인상적인가? 그런 꿈과 비전을 가진 직원이 회사를 대하는 마음가짐이 어떻겠는가? 자기 힘으로 회사를 빨리 성장시키고 싶을 것이다. 그래서 마카오 정부 초청으로 한국 프랜차이즈 브랜드에 관심 있는 사업자들을 대상으로 하는 강연에 갔을 때, 와라와라에 대해 자세히 소개했다. 그랬더니 그쪽 사업자들도 많은 관심을 보였다.

와라와라의 또 다른 특별한 점은 매장을 찾은 손님들에게 이런저런 즐길 거리를 제공한다는 것이다. 손님들끼리 재미있게 즐기게 도와주는 것이다. 와사비가 들어간 스팸초밥을 먹는 벌칙 게임 등 요일별로 노는 방법을 다양하게 제공한다. '부어라! 마셔라!'가 아니라 술을 마시는 분위기를 중시하고, 찾아오는 사람들이 스스로 재미를 만들어낼 수 있게 해준다.

또한 메뉴는 물론 매장 내 곳곳에서 '깨알 재미'를 느낄 수 있게 준비해놓았다. 화장실에는 "기분 좋게 응대해준 서버를 써주세요. 아니면 은밀하게 저에게 말해주세요"라고 써서 붙여놓았다. 파인애플 한 통 주, 수박 반 통 주, 자몽 원 샷 주 등의 독특하고 참신한 메뉴를 만드는 모습을 고객 테이블에서 직접 보여주는 것도 재미있다. 덕분에 와라와라는 단순히 술을 파는 곳이 아니라 즐거움을 파는 곳이 되었다. 술을 잘 마시지 못하는 사람을 위한 배려도 잘되어 있어 외국에서 손님이 오시면 이곳으로 모시고 가곤 한다. 그때마다 다들 "우리나라에도 있었으면 좋겠어요" 하는 말을 하는데 그 말이 씨가 됐는지 지금은 중국에 진출해서 그야말로 엄청난 반응을 얻고 있다.

사람은 누구나 즐거움을 찾는다. 사람들이 와라와라에 가는 것은 그곳이 즐거움을 찾게 해주는 플랫폼이어서가 아닐까.

안티를 팬으로 만드는
'욕' 테라피스트

· 이영석 총각네 야채가게 대표 ·

한 인간을 제대로 알고 싶다면 함부로 편견을 갖지 말고 내가 경험하고 느낀 바로만 판단하는 훈련이 필요하다. 그래야 제대로 된 플랫폼 확산이 가능하다. 『탈무드』에서도 "신은 사람에 대한 심판을 죽은 뒤로 미루셨다"라고 하지 않았는가?

총각네 야채가게 이영석 대표님을 GFMP에서 처음 만난 날 소문보다도 과격한 욕설과 거친 태도를 보이셔서 괜한 근심부터 했었다. GFMP 2기 입학식이 있던 첫날 통성명과 동시에 나이를 물어보면서 바로 서열 정리를 하고 욕설을 던지셨는데, 운영교수로 참여한 나는 걱정이 앞섰다. 그러나 얼마 지나지 않아 그분의 매력 자본에 빠지면서 우려는 봄눈처럼 녹아 사라졌다.

한번은 이 대표님이 직접 진행하는 기업 강의를 청강한 적이 있다. 잘못된 사회와 기업의 구조에 대해 이야기하면서 코믹 코드로 사이사이에 욕을 넣어 정말 바닥을 경험한 자만이 해줄 수 있는 진솔한 말들을 즉문즉답 형식으로 시원하게 하셨다. 이때 내 오해가 한꺼번에 풀렸다.

그분의 강의를 찬찬히 들어보면 살아 있는 경험을 해당 업무에 대입, 문제의 답을 청강생이 이야기하게 만들고, 질문을 통해 깊이 있게 생각하게 만든다. 때로는 정감이 어린 욕을 섞어 말하면서도 본질을 파고들어 해석하고 이해시키는 능력이 탁월하다. 게다가 거침없이 내뱉는 욕설을 듣다보니 대리만족이 되어서 이 대표님의 '욕'을 통한 테라피스트의 면모에 홀딱 빠져버렸다. 그래서 강의를 들으면 거의 모든 사람들이 이 대표님을 야채형님으로 모시게 된다. 나 또한 예외 없이 야채형님의 동생이 되었다.

야채형님의 강의를 잘 들어보면 마당극을 보는 듯한 느낌이 든다. 특정 인물을 지칭해서 욕을 하는 것이 아니라 시행착오를 겪고 있는 사업가와 사회를 풍자하면서 욕설을 풀어낸다. 어떤 누군가를 하대하는 것이 아니라 친근감을 보다 빨리 느끼게 하는 도구로 욕을 사용하는 듯싶다.

강의 중에 선호하는 기업의 브랜드를 PPL처럼 기업 홍보도 넣어서 무의식중에 인식시키고, 그 매장에 방문하지 않으면 트렌드에 떨어지는 것처럼 말해서 후원사를 기분 좋게 만드는 기술이 탁월하다. 이런 식으로 기업 홍보도 입에 달고 다닐 만큼 해주며, 각계각층의 사람들이 한자리에 어울릴 수 있도록 문화 행사를 만들어주기도 한다.

그런데 그분이 여는 문화 행사에는 '기업가정신의 묘수'가 숨어 있다. 재능은 있지만 설 무대가 많지 않은 예술가들에게 끼를 발산할 무대를 만들어주는 것이다. 기업과 예술가들이 교류하게 하고 기업 행사 때 예술가들을 초청해서 직원들에게 문화예술을 접하게 한다. 그리고 "아끼면 똥 된다. 무조건 베풀고 쓰고 살아"라고 강하고도 의미 있는 메시지를 어김없이 던진다.

자랑만 하고 베풀지 않으며 얻어만 먹고 다니는 쪼잔한 사람들에게 거침없이 날리는 한마디! "안 쓸 거면 자랑하지 말고, 돈은 써야 맛이고, 안 쓰면 똥 된다." 서로 나누고 공유하게 만들고 수준 높은 문화 행사를 열어서 예술가들이 인정받는 사회를 만들려고 하는 이영석 대표님의 전략과 전술을 이해하는 순간, 그가 단순한 기업가가 아닌 건강한 사회를 만드는 플랫폼임을 깨달을 수 있었다.

모든 사람은 나름의 매력자본을 가지고 있다. 그러니 어떤 사람을 볼 때 그 사람의 장점을 찾아 적절한 곳에 연결해주고, 단점 또한 그만의 매력으로 승화시켜서 편견 없이 바라보면 플랫폼은 더욱 급속히 확산될 것이다.

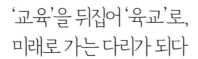

'교육'을 뒤집어 '육교'로,
미래로 가는 다리가 되다

· 정태환 가마로강정 대표 ·

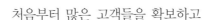

처음부터 많은 고객들을 확보하고
탄탄대로를 걷는 사업은 없다. 특히 남들이 하지 않는 특수한 사
업일수록 더욱 판로 개척이 어렵다. 머니쉐프 역시 일단 사업을 시
작했지만 처음 수년간은 거의 수익을 내지 못했다. 프랜차이즈 기
업들의 리스크 관리를 하겠다는 시작할 때의 다짐이 없었더라면
어느 순간 포기했을지도 모른다. 나는 어떻게 해야 머니쉐프를 제
대로 된 사업으로 만들고 수익을 창출할 것인지 치열하게 고민했
다. 미국에서 벤치마킹한 머니쉐프 시스템을 우리나라에 맞게 적
용하려면 무엇을 더할 것인지 고민하다보니 '교육'이라는 생각이

퍼뜩 들었다.

프랜차이즈는 사실 교육사업이다. 서비스든 새로운 메뉴든 어느 점포나 다 똑같이 재현하게 만들려면 교육이 무엇보다 중요하다. 그런데도 가맹점을 교육시키지 않는 일부 브랜드가 있다. 반면 가마로강정 정태환 대표님은 메뉴 개발과 직원교육에 투자를 많이 하기로 정평이 나 있다. 직원들을 대학에 보내주고 시험 기간에는 업무를 줄여주며 직무적인 자기계발을 할 수 있도록 지원을 아끼지 않는다. 모임 자리에서 만난 정 대표님은 위트 있고 긍정적인 분이라서 누구라도 대화하고 싶어 하는 분이다. "대표님은 웃으면서 오니까 항상 기분이 좋은 것 알아요?" 하는 식으로 대화할 때 상대의 장점을 먼저 말하고, 테이블마다 다니면서 긍정의 에너지를 전파하고 다니는 분이다.

정 대표님은 상상력이 풍부하고, 배포도 크며, 실행 능력과 위기 대응 능력까지 뛰어나다. 평상시 직원들과 협력사, 가맹점 모두에게 잘 대해주기 때문에 정 대표님의 기업에 어려운 일이 닥쳤을 때 모두들 그 위기가 잘 극복되기를 바랐고, 결국 위기를 기회로 만든 저력 있는 사업가다.

머니쉐프라는 브랜드로 기업보험 사업을 시작하면서 생긴 일이다. 한번은 교육을 해봐야 하는데 누구에게 가서 시연하고 배워야 할까 궁리하다가 정 대표님이 생각났다.

"머니쉐프에서 시스템을 갖추고 사업을 시작하려고 합니다. 그런데 저희가 저렴한 보험상품을 팔기 때문에 수수료가 얼마 남지 않아요. 고객사의 비용 절감을 위한 상품을 개발했는데 교육하려고 보니 교육비 책정과 기업 연계가 현실적으로 힘들다는 것을 알았습니다. 첫 강연인데 시스템이 제대로 돌아갈지 저 스스로도 의문이 들어요."

"배 대표님, 절대 아무 기업이나 해주지 마세요. 이 교육을 제대로 쓸 수 있는 기업만 해주셔야 합니다. 가치 인정을 받기도 힘들고 기업에 제대로 적용하기도 힘듭니다. 존속시켜줘야 하고 생존을 위해 노력하는 기업만 해주고, 그 기업에 당당히 이야기하십시오. 우리가 우선 계약서 써드리겠습니다."

이렇게 말씀하시더니 계약서를 써주셨다. 그리고 이 년간 매달 자문료를 주시겠다고 했다. 그 말을 듣는데 눈물이 났다. 새로운 사업 아이디어에 가치를 실어준 것만으로도 감사한데, 일을 지속적으로 흔들림 없이 끌고 나갈 수 있도록 큰 힘까지 주신 것이다.

"오늘의 초심 절대 잃어버리지 마세요. 손가락을 빠는 한이 있어도 삼 년만 이렇게 버텨보세요. 그러면 판도가 바뀔 겁니다. 저희가 돈이 많아서 자문료를 주는 것이 아닙니다. 프랜차이즈 기업은 결국 교육이 기반이고, 핵심인 사업입니다. 그래서 대표님은 성공할 수 있습니다. 지금의 이 초심으로 가치 있는 기업만 교육해주십시오."

이런 말씀을 통해 앞으로 어떻게 사업을 해나가야 할지 정확한 잣대를 마음속에 세우게 해주셨다. 이 년 동안 자문료를 받는다는 내용의 첫 계약서를 쓰고 나오면서 '가치 있는 고객사를 선별해서 일해야겠구나'라고 다짐했다.

나는 상담이든 컨설팅이든 기계가 나를 따라올 수 없다고 자부한다. 수학 공식처럼 비즈니스 공식을 체화한 덕분에 여러 사업을 각지에 연계시켜나갈 수 있도록 도울 수 있게 되었다. 이것이 사람의 마음을 사는 플랫폼, 인간 플랫폼이 가진 힘이고, 인간 플랫폼에서만 나올 수 있는 결과물이다. 물론 나만 해낼 수 있는 일은 아니다. 우리 모두가 인간 플랫폼이 될 수 있으며, 인간 플랫폼이 된다면 우리 모두가 해낼 수 있는 일이다.

지나간 기차도
다시 오게 만드는 준비력

· 이정교 로사퍼시픽 대표 ·

　　　　　　　　　사람들이 성공한 이들을 보며 흔히
하는 말이 있다. "나도 생각했던 건데……." "내가 하려던 사업이었
는데……." 하지만 바로 실행하지 않으면 얻을 수 있는 것이 하나
도 없다.

　세상에는 생각하는 것들을 거침없이 표현해가며 바로 실행하고
결과물을 만들어내는 사람들이 있다. 로사퍼시픽의 이정교 대표가
대표적인 예다. 이 대표는 많은 책과 신문에서 상품 광고 문구를
보며 떠오르는 아이디어를 즉시 사업화하고 실행에 옮겨 놀라운
속도로 기업을 발전시켜왔다. 그는 기존의 마케팅 기법을 SNS에

적용시켜서 온라인에서 출시하는 상품마다 대박 행진을 터뜨린 능력자다. 베리식스 6초 향수를 시작으로 닥터스마일, 아몬드샴푸, 랍스터 라면까지 넘치는 아이디어로 상품을 기획하고 판매하는데 최고의 마케터 같다. 현재는 사옥이 있는 학동을 중심으로 '로사퍼시픽' 거리를 만들어가고 있다.

또한 이 대표는 매일 주변 사람들에게 자신이 어떤 것을 생각하고 실행하는지 카카오톡 단체 채팅방을 통해서 공개하고 피드백을 받는다. 존경하는 인물이 있으면 바로 찾아가서 멘토링을 받을 수 있도록 전략적으로(?) 들이댄다. 그리고 어김없이 각별한 인연을 만들어낸다.

이미 지나간 기차(아이디어)에게 손짓한다고 세워줄 기차는 없다. 차라리 다음 기차가 분명히 올 것이라고 의심치 않고 믿고 기다리는 편이 낫다. 그리고 다시 올 기차를 위해 모든 것을 기차게 준비하고 기다리는 것이다. 지나간 기차도 되돌아오고 싶을 만큼 말이다.

이 대표를 성공으로 이끈 또 한 가지 비결은 매일 밤 감사의 마음이 담긴 메시지를 주변 사람들에게 보내는 것이다. 상대로 하여금 기분 좋은 에너지를 발산하게 만들고 다시 좋은 에너지를 받는다. 기본적으로 사람은 감사 메시지를 받으면 상대에게 좋은 에너지를 전달해주고 싶어 하며 그가 하는 일에 관심을 갖고 조언해주기 마련이다. 그리고 생각나는 아이디어를 덧붙여주고 경험담을 이야기해주며 필요할 때는 사람을 소개시켜주기도 한다. 그리고 자신의 조언이나 소개로 인해 성장하는 모습을 보면 더욱더 관심을 갖고 도와주게 되어 있다. '감사 메시지' 하나로 플랫폼이 자동으로 확산되는 것이다.

이 대표는 누군가와 정식으로 인사를 나눈 이후에 자신이 가지고 있는 브랜드 상품을 명함 주소지로 보내서 그를 감동시킨다. 자연히 자신의 브랜드를 각인시키고 피드백도 받는다. 먼저 상대에게 필요한 것들을 눈치채지 못하게 파악해서 깜짝 선물을 보내고, 그에게서 많은 것을 배운다. 플랫폼의 기본 자본인 '감사하는 마음가짐과 표현'을 항상 실천하고 그것을 통해 자신이 긍정적인 에너지를 받아가는 모범적인 기업가다.

톡톡 튀는 아이디어를 즉각적으로 실행하고, 성공하면 그 일에 영감을 준 모든 사람들 덕분이라는 감사의 말을 아끼지 않고, 사람들의 눈과 마음을 붙잡기 위해 노력하는 이정교 대표에게서 오늘도 아이디어와 실행력을 배운다.

끝없는 관찰에서 나오는
배려와 존중의 힘

·나상균 죠스푸드 대표·

 스티브 잡스는 매일 아침 일과를
시작하면서 스스로에게 이렇게 물었다고 한다. '만약 오늘이 내 삶
의 마지막 날이라면 내가 지금 하려던 일을 여전히 하고 싶어 할
것인가?' 잡스가 기업가가 아니라 한낱 장사꾼이었다면, 그는 마
지막 날 회사를 위해 일하는 것이 아니라 사랑하는 가족들과 분위
기 좋은 곳에 가서 쉬면서 맛있는 음식을 먹을 것이다. 자신이 사
라진 다음까지 생각할 이유가 없기 때문이다.

 적어도 장사꾼이 아니라 기업가로서 성장하고, 내 회사가 좋은
기업으로서 사회의 한 축을 담당하기를 원한다면 장사꾼 기질이

아니라 기업가정신을 가져야만 한다. 기업가정신을 가지면 고객을 대하는 입장부터 달라진다. "우리는 항상 고객을 행복하게 만드는 데 집중한다. 그러기 위해서는 먼저 그들을 불평하게 만드는 것이 무엇인지 반드시 이해해야 한다. 가장 많은 불만을 털어놓는 고객으로부터 가장 많이 배울 수 있다"라는 빌 게이츠의 말은 기업가가 가져야 할 태도를 잘 보여준다.

장사꾼의 틀에서 벗어나 기업가정신을 가지려면 의도적으로 다양한 노력을 해야 한다. 기업을 지속적으로 혁신하고, 자신과 직원들의 시간을 낭비하지 않고 잘 관리하며, 고객들이 보지 않는 곳에서도 최선을 다하는 도덕성을 갖추어야 한다. 그리고 기업이 존속하는 데 위해가 될 만한 소지를 없애기 위해 끊임없이 리스크 관리를 해야 한다.

나에게 기업가정신을 생각해보게 만든 사람은 죠스푸드 나상균 대표님이다. 미국 벤치마킹 투어를 같이 갔을 때 그분의 태도에서 장사꾼이 아니라 기업가라는 느낌을 강하게 받았다. 나 대표님은 무엇을 보든 '관찰'을 한다. 어떤 제품을 파는 매장이든, 매장에 가서 고객들의 모습을 자세히 살펴보면 고객들이 왜 이 매장에 왔고 무엇을 불편해하는지 알 수 있다. 물론 그 고객의 마음을 들여다보려는 의도를 가지고 관찰해야 하며, 아무 생각 없이 그저 사람들을 훑어보는 것만으로는 결코 성과를 얻을 수 없다.

관찰을 하면 사람들이 좋아하는 게 무엇인지 알 수 있는데, 고객들이 원하는 바대로 명확하게 실천해내는 사람이 바로 나 대표님이다. 나 대표님이 자주 사용하는 말이 있다. 바로 '익숙한 새로움'이다. 익숙한 새로움은 새로운 것을 익숙하게 만드는 것과는 다르다. '바르다 김선생'과 '죠스 떡볶이'라는 브랜드를 동시에 관리하는 나 대표님이 고객들을 관찰한 끝에 정의 내린 익숙한 새로움은 다음과 같다.

떡볶이는 대중들이 좋아하는 대표적인 길거리 음식이다. 하지만 위생 상태나 장소의 불편함 때문에 길거리에서 떡볶이를 먹기 꺼려할 수 있다. 사람들이 어떻게 하면 떡볶이를 위생적이라고 생각하고 안심하고 먹을 수 있는지 고민하고 만든 것이 '죠스 떡볶이'다. 튀김을 먹을 때 개인 접시에 덜어서 떡볶이 국물에 찍어 먹을 수 있게 하고, 깔끔한 위생 상태를 강조하기 위해 튀김을 만들 때 사용하는 CJ 식용유 통이 보이게 해놓았는데 덕분에 고객들은 음식을 믿고 먹을 수 있다.

한편 '바르다 김선생'은 '김밥은 한 끼 식사가 될 수 있어야 한다'라는 브랜드 가치에 중점을 두었다. 평범한 김밥이라면 비싼 가격일 테지만, 좋은 식재료와 깔끔한 플레이팅에 중점을 둔 바르다 김선생의 김밥은 한 끼 식사로 손색이 없어 비싸다고 느껴지지 않는다. 익숙한 것을 새롭게 만들어 프리미엄 김밥을 선호하는 타깃층을 확실히 겨냥하는 브랜드를 창조한 것이다.

나 대표님은 해외연수를 다닐 때도 남들이 보지 못하는 것을 보여주고 해석해주신다. 처음 함께 해외연수를 갔을 때 나 대표님의 시각에서 비즈니스를 보고 싶어 뒤를 따라다녔다. 나 대표님이 무엇을 보고 어떤 생각을 하는지 궁금했는데 아쉽게도 말씀을 아끼셨다.

　나는 친해지고 나서 그 이유를 알게 되었다. 사람은 뭔가를 조금 알면 아는 척이 하고 싶어지고, 그래서 어설프게 아는 것까지 이야기하게 된다. 그러면 부정확한 정보가 타인에게 영향을 미친다. 나 대표님이 남들이 묻기 전에 아는 척을 하고 경솔하게 말하는 것을 경계하시는 이유는 그래서다. 하지만 누군가 적절한 타이밍에 질문을 하면 잘 알려주신다. 본인이 깊이 고민하고 명확히 알지 않으면 아예 전달을 하지 않는 것이다. 정확한 정보와 통찰을 가지기 전까지는 말씀하시는 것을 삼가신다. 재료 선정 같은 문제에 대해서는 더욱 깐깐해서 본인이 합당하다고 느끼고 수긍이 가야 선택을 한다.

　한번은 『관찰의 기술』이라는 책에 자신의 이니셜을 새긴 도장을 찍어서 선물해주셨는데 불필요한 것까지 다독하지 말고 정말 괜찮은 책을 골라서 정독하라고 조언해주셨다. 또한 책 한 권 읽고 그 책이 진리인 것처럼, 모두가 그런 것처럼 이야기하는 사람은 위험하다고 덧붙이셨다.

　가맹점 계약을 할 때도 다른 프랜차이즈와 달리하신다. 가맹점을 열고자 하는 사람과 계약을 할 때 슈퍼바이저가 가서 사인하고 계약하는 것으로 끝인 프랜차이즈도 일부 있다. 죠스푸드는 목재로 만든 도장을 가지고 간다. 그런데 가맹점 계약을 하러 나가기 전에는 직원들이 상담하는 모습을 촬영해서 스스로 모니터링하고 깨닫도록 교육시킨다. 자신의 행동을 그대로 찍은 동영상을 보면 누가 말해주지 않아도 직원들이 자기가 한 잘못들을 스스로 알아보고 단번에 고칠 수 있기 때문이다. 그리고 나서 계약을 하는 자리에 가면 가맹점주가 어떤 마음으로 왔고 얼마를 투자했는지에 대해 진지하게 생각하게 되고, 그것을 생각한다면 다음 스케줄을 위해 훌훌 가버리는 행동은 하지 않는다는 것이다.

가맹점주는 전 재산을 투자해 가게를 차리고 그것도 부족해 대출을 받았을 수도 있다. 그런데 그렇게 큰 재산을 투자해서 하는 사업이 도장 몇 번 찍고 그만이면 어떤 기분이 들까? 죠스푸드는 도장 한 번 찍고 끝인 다른 프랜차이즈에 비해 믿음을 준다. 고객과 가맹점주를 위한 세심한 배려들은 모두 나 대표님의 관심과 관찰에서 나오는 것 같다. 사람은 상대가 배려와 존중을 해주는 순간 말과 행동이 바뀐다. 관찰을 통해 나오는 배려와 존중은 상대방으로 하여금 대우받는 느낌이 들게 만든다.

직원에 대한 배려도 본받을 만하다. 외부에 봉사 활동을 하러 갈 때도 대놓고 어느 단체에서 봉사를 왔는지 과시하기 위한 플래카드를 절대 걸지 않는다. 어린이날이나 명절에는 직원 자녀들에게 손편지를 써서 준다. 그러면 자녀들은 부모님이 회사가 성장할

수 있도록 일을 잘하고 계신다는 자부심을 갖게 된다. 직원 가족
에게 회사에 필요한 인재임을 말해줌으로써 가장인 직원들의 자부
심을 살려주는 것이다.

나 역시 옆에서 보고 배운 나 대표님의 장점을 조금이나마 내 것
으로 만들기 위해 노력하고 있다. 나 대표님에게 배운 장점을 내면
화시키면 '나'라는 플랫폼을 이용하는 사람들도 나를 보고 또다시
좋은 향기를 퍼뜨릴 것이다.

5장

플랫폼의 핵심,
가정이 중심이다

모든 플랫폼의 기반은 가정이다. 가정이 바로 서지 않으면 비즈니스도 엉뚱한 길로 빠지고 만다. 자신만의 인간 플랫폼을 설계하고 구축하는 주인공은 비즈니스의 주체이기 이전에 한 가정의 일원이다. 가정 플랫폼이 성공해야 비즈니스 플랫폼도 성공할 수 있다. 따뜻한 가족애 속에서 함께 미래의 비전을 나누는 것이 가정 플랫폼의 성공 비결이다. 비즈니스 세계에 뛰어들기에 앞서 가족과 함께 행복한 삶의 터전부터 마련하라.

플랫폼 에너지 발전소는 가정이다

      나는 일 년의 삼분의 일 정도는 지방이든 해외든 집 밖으로 출장을 다닌다. 이런 생활이 가능한 것은 전적으로 남편의 외조 덕분이다. 물론 처음부터 일이 술술 풀린 것은 결코 아니었다. 남편이 여러 번 사업에 실패하면서 극심한 갈등을 겪었고, 가정을 유지하기 힘든 상황에 처했던 적이 많았다. 그런 힘든 상황들을 극복하면서 비로소 지금처럼 좋은 관계를 맺을 수 있었다.

가정 플랫폼이 든든해야 모든 일이 술술 풀린다

내 꿈은 현모양처였다. 그래서 어려서부터 신부 수업을 하듯 요리와 홈패션을 배우면서 결혼을 준비했으나 결국 '현대적인 현모양처(?)'가 됐다. 내가 이렇게 된 데는 남편과 시댁의 영향이 컸다.

결혼하자마자 우리 부부는 일본으로 함께 유학을 갔다. 당시 남편은 내게 돈은 벌지 않아도 괜찮지만 집에서 자기만 기다리는 여자는 매력이 없을 것 같다고 했다. 시댁 어른들 또한 두 분이 함께 남녀 구분 없이 사업과 가정을 이끌어오셨기에 사회생활을 권유하셨다. 한국의 전형적인 시부모님과는 조금 다른 생각을 가지고 계셨다. 집안일도 남녀 구분 없이 체력이 허락하거나 더 잘하는 사람이 맡아서 하셨다.

임신한 채로 혼자 먼저 귀국해서 시부모님과 셋이서 함께 살았던 적이 있는데, 시부모님은 아이를 낳고 육아에 전념하는 전업주부 며느리를 원치 않으셨다. 남편과 별도의 사업을 하라고 권유하신 것도 시아버님이셨다. 장롱 면허를 갖고 있던 나에게 육 개월 동안 시내 주행을 직접 시켜주며 기동력 있게 활동하게 해주신 것도 시아버님이셨다.

이런 시댁 덕분에 떠밀리듯 사업을 시작했고, 중간에 그만둘까 고민할 때도 딸아이가 일하는 엄마의 모습을 더 좋아하는 바람에 현모양처의 꿈은 접어두어야 했다. 그렇기에 더욱 열심히 일했고,

하다보니 좋은 사람들과 더불어 꿈을 이루는 일이 성취감과 행복을 느끼는 길이라는 걸 알았다.

가정일은 남편, 그리고 딸아이와 함께 공동으로 하고 있다. 휴일에는 먼저 일어나는 사람이 아침을 차리고, 밥상을 차리지 않은 사람이 설거지를 하며, 아무것도 하지 않은 사람은 빨래를 정리하는 등 어느 누가 나서서 시키지 않아도 유기적으로 돌아가는 시스템이다. 그리고 집안일을 한 사람은 누구나 식탁에 있는 2,000원을 자기 용돈으로 가져갈 수 있다. 이것은 아이와 함께 즐겁게 집안일을 나누기 위한 방법으로 고안해낸 것이다.

서로 공유하고 싶은 것이 있으면 포스트잇에 써서 냉장고에 붙이고, 주말에는 함께 서점에 가서 관심 분야의 책을 고르면서 소통한다. 시간적 여유가 생기면 여행하면서 서로 깊은 이야기를 나눈다. 차로 십 분 거리에 살고 있는 시댁과는 번개 모임을 하듯이 수시로 만나서 식사를 한다. 조카들도 많지 않아서 진로에 대한 이야기도 나누며 내 자식처럼 대화하려고 노력한다.

이렇게 가정생활을 잘 꾸려나가고 있지만 밖에서는 나를 종종 미혼이나 돌싱으로 오해하곤 한다. 워낙 자유분방하고 워커홀릭처럼 일하는 모습만 보았기 때문이다. 하지만 나도 집에서는 주부이자 엄마, 아내, 며느리, 딸이다. 모든 역할을 잘 해내지는 못해도 사업한다는 이유로 가족들이 많은 배려를 해줘서 즐겁게 사회생활을 하고 있는 것이다.

한창 바쁠 때는 새벽에 나와서 조찬 모임에 참석하는 것을 시작으로 저녁 모임까지 끝내고 새벽에 들어가서 기절하듯 잠만 자고 다시 일하러 나오기도 했다. 가족 휴가를 가야 하는데 급한 업무가 생겨서 남편이 부모님과 딸아이만 데리고 휴가를 간 적도 있었다.

그렇게 열아홉 살부터 이십 년째 쉬지 않고 사회생활을 했다. 일본에서 유학할 때도 자정까지 외식업체에서 아르바이트를 했었다. 바깥에서 나를 보는 사람들은 해외 출장이 많은 것을 여행을 다닌다고 생각해 부러워하지만 정작 나는 한 번도 제대로 된 나만의 시간을 가지거나 여행을 가보지 못했다. 항상 일이 바쁘다보니 시간이 되는 대로 시부모님, 친정어머니, 딸아이에게 평소 일 때문에 못다 한 며느리, 딸, 엄마로서의 역할을 하는 데 충실하려고 애쓰고 있다. 작년 말부터는 가족을 우선순위로 두고 중학생인 딸과 진로 이야기를 중점적으로 나누며 여행을 많이 다니려고 노력하고 있다.

신기한 일은 바쁜 와중에 짬을 내 가족들과 함께하면 나 자신이 충전되고 사업 아이템도 더 잘 떠오른다는 것이다. 내게 힘이 되어주는 가장 좋은 플랫폼은 바로 가정이다. 가정 플랫폼이 있기에 여성 CEO로서 사회생활을 잘 해나갈 수 있다.

남편은 나의 영원한 지지자

남편은 나의 첫사랑이다. 처음 만났을 때 참 좋은 사람이라는 생각이 들었다. 처음부터 사귀지는 않았고 두 달 정도 지인으로 알고 지냈었다. 남편이 군 입대를 앞두고 아르바이트를 하던 중에 갑자기 프러포즈를 했다. 이틀 후에 입대해야 하는데 어정쩡한 관계가 싫으니까 결혼을 약속하고 기다려주던가 아니면 아예 인연을 끊자고 했다. 이미 정이 많이 들어서 인연을 끊을 수 없겠다고 생각한 나는 남편이 군 입대하기 하루 전에 결혼 승낙을 했다.

그리고 남편이 제대하기를 기다리며 결혼과 유학을 동시에 준비했다. 그때 나는 고작 스물넷이었고, 남편도 진로가 결정되지 않은 학생 신분이어서 친정 식구들의 온갖 반대를 무릅쓰고 출국하기 직전에 결혼식을 올렸다. 나는 일본에서 생활하면서 자정까지 아르바이트를 하며 매월 200만 원씩 정기적금을 부었다. 정기적금 날짜에 돈을 맞추기 위해 늦게까지 일하는 것은 물론 분기별로 회계 일도 보았다. 아르바이트로 유지하는 일본 생활은 결코 쉽지 않았다. 남편에게는 용돈으로 하루에 100엔씩 주었는데 100엔이면 도서관에나 가야 자판기 음료수를 사 먹지 길거리 자판기 커피도 못 사 먹는 금액이었다. 남편은 또 그 작은 돈을 한 달간 모았다가 나와 외식하는 데 쓰고는 했다.

그렇게 공부와 아르바이트를 병행하다 노트북을 마련해 사업을 시작한 지 얼마 되지 않아 친정아버지가 뇌출혈로 병원에 입원하시면서 임신한 몸으로 혼자 귀국했다. 그로 인해 시댁에서 생활하게 됐는데, 시아버님은 나의 일본어 수준을 알고 싶으신지 아침마다 NHK 뉴스를 틀어놓고 통역해보라고 하셨다. 임신 중인 며느리를 옆에 앉혀두고 뉴스 내용을 물어보시고, 조간신문의 정치면, 경제면, 사회면을 다 펴놓고 관련 이야기를 계속해서 하셨다. 당시에는 힘들었지만 지금 생각해보면 너무나 감사한 일이다.

그러다가 남편이 오 년 만에 한국에 왔는데, 생활 패턴이 너무 달라서 서로 조금 불편했다. 남편과 귀가 시간도 차이 나고 떨어져 있는 동안 이야기하지 못했던 부분에서 생각보다 의견 차이가 많이 났다. 그때 나는 사업을 하면서 연금과 각종 보험에 가입해두었고, 집 장만을 목표로 굉장히 열심히 살고 있었다. 그런데 남편은 "무슨 보험을 그렇게 많이 들었냐?"라고 화를 냈고, 내가 집을 사려고 하니까 집이 왜 필요하냐며 부모님과 함께 살면 된다고 반박했다.

하나부터 열까지 모든 것이 갈등인 상황에서 반복되는 사업 실패에 지쳐 이혼하고 싶은 생각이 간절했다. 그런데 여기에서 부부 간의 인연을 끊으면 아이에게 상처가 될 것이라 생각하니 마음이 약해졌다. 여태까지 힘들 때마다 내 인생의 클라이맥스를 넘어간다고 생각하며 살았는데 여기서 이혼하면 내 딸은 어떻게 될 것인지 걱정이 앞섰다.

남편과 한창 싸울 때는 이혼하자며 법원까지 간 적도 있다. 각자 자기 차를 타고 가서 이혼신청서를 접수했다. 그런데 사실 나는 이혼할 생각은 없었고, 남편을 길들이는 것이 목표였다. 이혼신청서를 접수하고 한 시간 동안 대기하는데 차 안에 있는 내게 남편이 계속 이야기를 좀 하자고 했다. 나는 이미 서류까지 접수했는데 무슨 이야기를 하냐며 차량 의자에 누워버리며 등을 돌렸다.

마침내 시간이 되었고, 각오를 단단히 하고 들어갔다. 판사 앞에서 그동안 섭섭하고 화났던 것을 털어놓으면 화해할 수 있을 줄 알았다. 그런데 이게 웬일인가? 들어갔더니 이야기할 틈도 주지 않고 "재산 분할은 하셨죠? 양육권 확정하셨죠? 이혼이 선고되었습니다" 하더니 끝내버렸다. 이제 삼 개월 내에 이혼 결정 서류를 접수하기만 하면 이혼이 확정되는 것이었다. 지난 칠 년간 악착같이 살아왔는데 너무 쉽게 이혼 선고를 받으니 둘 다 너무 놀랐다. 화해를 권할 줄 알았는데 일사천리로 이혼이 결정된 것이다. 정신을 못 차릴 정도였다.

더 황당한 건 남편의 태도였다. 위로해줄지 알았던 남편이 "넌 바쁘니까 일하러 가. 이혼 서류는 내가 동사무소에 접수할게" 하고 차를 끌고 나가는 것이었다. 깜짝 놀라서 엄청난 속도로 쫓아가 이혼 서류를 잡아챘다. 그러자 남편이 말했다. "너 이혼할 거 아니지?"

내 마음을 읽은 남편은 집에 와서 진심을 담아 말했다. "서류 세

달만 나한테 맡겨봐. 네가 원하는 대로 다 해줄게. 세 달 동안 내가 달라진 것을 네가 못 느끼면 그때는 서류 접수해줄게. 네가 왜 서운했고 나한테 뭘 원했는지 이제는 알 것 같아. 우리가 어디서부터 잘못됐는지 알았으니까 앞으로 배명숙 말은 법이라고 생각하고 살게. 너를 행복하게 해주겠다는 약속 지금부터 제대로 지킬게. 세 달 후에도 내가 너한테 미달되는 남편이라는 생각이 들면 네가 해달라는 대로 다 해주고 끝내도 좋아. 그런데 지금은 아니야. 한 번만 기회를 줘."

그러면서 남편은 내 이혼 서류까지 가져갔다. 솔직히 내가 원했던 것이 이혼이겠는가? '네 마음 알겠어. 지금까지 나와 함께 열심히 살아줘서 고마워' 바로 이거였다. 지나고 보니 그때 왜 그렇게 극단적으로 치달았는지 각자 상황이 이해되는데 당시는 이기적인 마음에 서로의 생각을 존중하지 못했던 것 같다.

그 일을 계기로 모든 것이 바뀌었다. 남편은 아침에 가족들을 깨우는 일부터 아침 식사를 챙기고 아이를 목욕시키고 놀아주는 것까지 다 했다. 놀아주면서 아이와의 관계가 친구 같은 사이로 변했다. 지금도 남편은 아침에 두 여자가 직장과 학교로 가기 위해 단장하고 있을 때 아침 식사를 준비해 먹이면서 행복해한다. 전국으로 출장을 다니며 영업 일을 하는 나는 집에 오면 녹초가 된다. 이제 우리 부부는 잠들기 전에 서로 오 분씩 주물러준다. 우리는 일할 때 서로 "어디야, 뭐해?" 물으며 간섭하지 않으며, 출장을 가면 "컨디션 괜찮아?" 한 마디로 인사를 대신한다.

예전에는 남편에게 대우받고 싶은 마음이 강했다. 그런데 자신이 대우받고 싶은 것을 상대방에게 먼저 해주면서 사랑하고 배려하니 트러블 생길 일이 없어졌다. 서로를 이해하고 있으며, 어떻게 살아야 하는지, 무엇이 중요한지도 알기 때문이다. 일 년의 절반 정도는 출장 중인데도 불구하고, 남편은 내가 없는 동안에도 자신의 사업을 잘 운영하면서 딸아이를 잘 보살피고 살림까지 다 챙기고 있다. 주변에서 이런 남편을 신기해할 정도다.

우리 부부는 함께하는 동안 최저점과 최고점을 찍어봤다. 부부로서 가족으로서 인간으로서 최저점을 찍고 나면 올라갈 수밖에 없다. 어쩌면 관계가 끝날 수도 있었던 큰 폭발 후에 서로의 입장을 이해하고 알게 되면서 지금의 행복한 가정을 이룰 수 있었다.

아무리 부부 사이라고 해도 최악의 순간을 맞이해봐야 진실을 알 수 있다. 그리고 그 진실을 알아야 내 마음과 상대의 마음, 환경 등 모든 것이 바뀐다. 결혼 초반 칠 년이라는 세월이 그때는 지옥 같았지만 지금 생각해보면 인생의 세금 폭탄을 미리 낸 듯한 기분이다. 앞으로 육십 년은 더 부부로 살아갈 것이기 때문이다. 결혼 초반에 모든 전투를 끝내고 인생의 세금까지 냈기 때문에 이제 우리 부부에게 남은 육십 년은 아마도 해피엔딩일 것이다.

남다른 개성과 철학으로
자녀를 교육하는 CEO들

대부분의 CEO들은 자녀가 스펙을 쌓는 것보다 많은 것을 경험하게 하는 데 중점을 두고 있다. 외식 프랜차이즈 CEO들의 집안에는 특히 예체능 쪽에 재능이 있는 자녀가 많아서인지 경험을 많이 시키고 시각을 넓혀주려고 한다. 개성이 너무 강해서 기존의 공교육에 적응하기 힘든 케이스도 있다. 그래서인지 유학을 가거나 대안학교를 다니는 경우가 많다. 뛰어난 외국어 능력과 개방적인 사고방식을 기반으로 자신이 경험한 것들을 과감하게 현실에 적용해서 뭔가를 이루어내는 것을 목표로 자녀를 교육하고 있는 듯하다.

생활 속에서 경제관념을 습득하게 하라

우리 집은 부부가 보는 신문과 함께 어린이 신문도 구독하고 있다. 딸아이와 함께 신문을 보고 매일 관심 가는 기사를 스크랩하게 하고 기사를 요약하면서 기억 및 분석하게 한다. 일정 기간이 지나면 본인이 스크랩한 기사들을 보면서 지난 시간 동안 자신의 관심사가 무엇이었는지를 찾아내게 한다. 그것을 기반으로 관련 영상을 검색해 보거나 기사에서 파생된 지식을 공부하게 한다. 이 과정이 이론에 치우치지 않고 지식과 정보에 대한 본질적인 접근을 유도해 흥미를 유발시켜서 자기주도적인 공부 습관을 만들어 준다.

나 역시 이런 방식을 좋아해서 나 자신의 관심사를 찾고, 관련된 것들을 조사하고, 다른 사람들과 함께 체험하면서 그것을 토론하기를 즐긴다. 이야기를 나누다보면 누가 시켜서 하는 것이 아니라 스스로가 재미있어서 하게 된다. 어느새 나도 몰입해서 딸아이와 자료를 함께 검색하고, 조언도 해준다. 생활에서 좋아하는 것을 찾고 생각하는 습관을 기르다보면 자료를 검색해보고 지식을 확장하는 것을 자연스레 훈련하게 된다.

이런 방식으로 딸아이에게 경제 공부를 시키는데 주식 또한 마찬가지다. 자녀에게 직접 주식을 구매하게 해야 관심이 생긴다. 주식 투자를 할 회사의 방향성을 파악하기 위해서 우선 CF를 재미있게 즐기듯 보라고 한다. 보다보면 무엇에 더욱 중점적으로 투자하고 홍보하고 있는지 알 수 있고 이에 따라 더 투자할 것인지 자금 이동을 할 것인지 등을 결정할 수 있다.

자녀 스스로 금수저가 되게 하라

자신의 출생을 금수저, 은수저, 흙수저에 빗대어 표현하는 게 유행이다. 수저 색깔로 따지자면 나는 분명 흙수저 출신이다. 하지만 부모님은 나에게 어려서부터 좋은 경제관념을 심어주셨다.

다섯 살 때부터 나름대로 돈을 벌었고, 직접 은행에 가지고 가서 저축하면서 재테크를 했다. 어머니는 돈을 쓸 때 남에게 도움이 되는 일에만 쓰고, 남은 돈은 무조건 저축하라고 하셨다. 부모님의 이런 경제교육 덕분에 지금 나는 경제적인 면에서는 남에게 의지하지 않고 살고 있다.

나 역시 내 딸에게 훌륭한 경제교육을 시키고 싶었다. 그래서 어려서부터 내 딸에게 생긴 돈은 아이의 이름으로 계좌를 만들어 저축해두었다. 처음 아이에게 생긴 돈은 출산 축하금이었다. 일본에 있을 때 임신을 했는데 아이가 태어나자 일본의료보험공단에서 30만 엔이 축하금으로 나왔다. 당시 학생이었기 때문에 아이 분유값으로도 매달 5,000엔씩 나왔다. 이런 것은 모두 일본의료보험에 가입했기 때문에 받을 수 있었던 것이다. 그 외 축하금은 우리 돈으로 360만 원 정도였고, 분유 값은 매월 5만 원 정도였다.

가난하고 힘들게 유학 생활을 했기 때문에 그 돈을 아이를 키우는 데 드는 생활비로 보탤 수도 있었겠지만 나는 그 돈을 모두 아이가 컸을 때 하고 싶은 일을 하라고 자본금으로 주고 싶었다. 그래서 2002년에 외환은행에서 아이 이름으로 통장을 만들었다. 그리고 아이가 태어났을 때 외할머니께서 산후조리원으로 보내주신 축하금, 아버지 회사 사장님의 축하금, 일본에서 모은 돈을 보태서 아이 앞으로 모아두었다.

그렇게 했더니 2003년 아이 돌 잔치 즈음에는 선물로 받은 금붙이를 팔고, 축하금까지 모은 것이 1,000만 원을 넘어섰다. 그 돈을 펀드에 넣어 불리고, 매달 일본의료보험공단에서 나온 분유 값 5,000엔을 집 앞 새마을금고에서 적금통장을 만들어 5만 원씩 불입했다.

다른 어머니들도 다들 이런 생각을 하지만 당장 돈이 없으면 그 돈을 써버리고 아이에게 정산해주지 않는다. 그러니 무슨 일이 있어도 아이 돈에는 손대지 않겠다는 굳은 각오를 하고 시작해야 한다. 그래야 자녀가 고등학생이 되고 대학생이 되고 사회 초년생이 되었을 때 '흙수저'라는 말에 기죽지 않을 수 있다.

아이가 초등학교에 들어갔을 때 은행에 데리고 가서 통장을 만들어줬다. 아이에게 돈을 금액별로 분류하는 법을 알려주고 스스로 은행에 가서 저금할 수 있게끔 했다. 내가 관리하는 돈은 별도로 계좌 관리를 하고 세뱃돈과 용돈을 돼지 저금통에 넣어 아이가 관리하게 했다. 아이가 시험에서 백 점을 맞거나 상장을 받으면 친할머니와 외할머니가 1만 원씩 돈을 주셨다. '모두가 너를 주목하고, 너의 성장을 지지하고, 너의 기쁨을 우리가 함께하고 있다는 의미'에서였다. 가족들이 항상 아이에게 에너지를 모아주고, 아이도 가족들이 잘한다고 칭찬해주면 스스로 더 잘하고 싶고 자랑하고 싶어서 결과물이 좋아지고 자존감이 높아지기 마련이다.

열네 살 때는 여의도에 가서 아이가 그동안 모은 돈으로 증권계좌를 만들어줬다. 증권계좌를 만들어주면서 주식투자에 관해 설명을 해줬더니 그때부터 아이가 경제에 관심을 갖기 시작했다. 경제를 해석해주는 책을 보고, 유튜브에서 돈에 대한 개념을 재정립하게 도와주는 동영상을 찾아보기도 했다. 당연히 학교에서도 경제수업을 좋아하게 되었고 사회에 관련된 책을 찾아 읽기 시작했다. 그러더니 나중에는 경제생활에 관한 책을 내고 싶다고 했다. 아이에게 평소 경제에 관한 설명을 해주고 증권계좌를 터준 것이 아이 학업에도 큰 도움이 됐다. 이제는 친구들 몇 명과 함께 증권계좌를 만들어서 주식 종목도 의논하고 같이 경제 공부도 한다.

내가 한 것이 자녀 경제 공부의 모범 답안이라는 말은 결코 아니다. 하지만 확실한 것은 경제교육은 시기마다 단계별로 진행해야 아이가 돈의 소중함을 알고 부모에게 감사할 줄 안다는 것이다.

그렇게 교육받은 아이는 나중에 자신의 자녀에게도 같은 방법으로 교육을 시킬 것이다.

나는 지금 어머니에게 내 수입의 일정 부분을 로열티로 드린다. 아마 내 아이도 나중에 자신의 수입 일부를 나에게 로열티로 줄 것이라 믿는다. 부모에게 받는 것을 당연하게 생각하면 부모님에 대한 고마움을 모른다. 나중에 자기가 받았던 것만큼은 되갚아야 하는데 부모에게 받는 것을 당연하게 생각한다면 캥거루족밖에 더 되겠는가?

자식을 캥거루족으로 만들지 않으려면 아이에게 계좌를 만들어주고 내 계좌는 따로 관리해야 한다. 보통 보험의 불입 기간은 이십 년이다. 내 딸의 보험 불입 기간은 이제 오 년 남았다. 그래서 딸에게 이렇게 말하곤 한다.

"이십 년 불입이 끝나면 너는 스무 살이 돼. 그러면 그때부터 너는 네 계좌의 돈을 가지고 별도로 생활해야 해. 대학 등록금이든 사업자금이든 아니면 결혼자금이든 독립자금이든 알아서 사용해. 스무 살이 되면 부모로부터 경제적 지원은 끝이야. 네가 벌어서 살아야 해."

요즘 자녀들은 부모에게 손을 너무 쉽게 벌린다. 집 평수 늘려 이사하는 것을 도와달라, 결혼할 때 집을 사달라, 하다못해 손주들 교육비까지 기대한다. 명문대에 입학하려면 조부모가 부자여야 한다는 우스갯소리가 있을 정도니 더 말해 뭐하겠는가? 하지만 이런 부분에 대한 내 생각은 단호하다. 성인 자녀와 부모는 서로 금전 문제를 이야기하지 않는 사이가 되어야 한다. 마음은 안타깝겠지만 어렵다고 도와주어서도 안 된다고 생각한다.

나는 부모님에게 받은 것이 없지만 지금은 그 사실이 너무 감사하다. 신혼 초 시부모님께서 신혼집을 사주셨다면 아마도 경제관념이 이렇게 투철해지지 않았을 것이다. 돈에 대한 철학이 없는 상태에서 돈은 편하게 얻을 수 있는 것이라는 생각을 했다면 이렇게 열심히, 절실히 살지는 못했을 것 같다. 그래서 집을 사주지 않으셨던 시부모님이 너무나 감사하다. 부모 돈을 받아서 생활하는 자식은 절대 받은 것 이상을 부모에게 못 돌려준다. 사랑을 받은 사람은 되돌려줄 수 있는데 돈을 많이 받은 사람은 그만큼 돌려주지 못하는 것 같다.

자녀를 위해서 부모가 해줘야 할 일은 첫째 제대로 된 인성 키워주기, 둘째 경제적인 개념 교육시키기, 셋째 자녀의 재능을 찾아서 개발시켜주기다. 아이가 잘할 수 있는 것을 빨리 찾아주고 필요한 것을 제공해주며 경험시키는 것이 학교 성적 관리하는 것보다 우선이다.

지금까지 자녀가 받은 돈을 모두 써버리고 자녀의 계좌 관리를 별도로 하지 않았다면 아이에게 지금이라도 고해성사를 하자. 그리고 생활비에서라도 양심껏 50만 원이든지 100만 원이든지 떼서 계좌를 만들어 종잣돈으로 주자. 그렇게 실제 돈을 가지고 시뮬레이션을 해보면 성인이 되었을 때 경제관념도 함께 성장해 있을 것이다. 어려서부터 경제관념을 가지고 독립자금을 별도로 관리해본다면 성인이 돼서는 또래보다 더 멋진 플랫폼을 만들어갈 것이라 믿는다.

아이를 교과서 안에 가두지 말고 세상을 보게 하라

이제는 학벌이나 화려한 스펙보다는 경험이 더 중요하다. 입사 시험에서도 명문대 졸업장보다 경험을 중시하는 시대다. 나는 딸에게 성적표를 내놓으라고 하지 않는다. 아이가 보여주면 보고 고개를 끄덕일 뿐, 성적표를 기다리지는 않는다.

출장을 갈 때는 아이의 의사를 묻고 데리고 간다. 선생님들과 면담을 하면 반대보다는 찬성하는 편이다. 아이의 중학교 1학년, 2학년 담임 선생님 두 분 모두 "공부 잘해야 성공한다고 아이들에게 말하지 않습니다", "지금까지 살아온 경험으로 아이에게 조언하지 않습니다", "통제하면서 주입식으로 아이들을 가르치지 않습니다"라고 했다. 입학식에 갔을 때 교장 선생님 역시 공부해야 성공한다고 말씀하시지 않았다. 예전에는 자녀교육에 관한 내 생각이 옳은지 그른지 확신이 없었지만 요즘은 내 생각이 틀리지 않았다는 생각을 갖게 되었다.

나는 아이에게 "반드시 대학을 가야 하는 것은 아니니까 네가 명확하게 하고 싶은 공부가 없으면 대학에 가지 마. 하지만 네가 정말 하고자 하는 공부가 있으면 대학에 가서 제대로 해"라고 한다. "자기가 하고 싶어야 미치고, 어떤 것에 미쳐야 그것을 완성할 수 있다. 엄마는 하고 싶은 공부도 없는데 명문대 학벌을 위해 대학에 진학한다거나 하는 것은 돈과 시간을 한꺼번에 버리는 어리석은 일이라고 생각해. 몇 개 학교를 보여줄 테니 네가 가고 싶은 데를 결정해"라고 하고 아이와 대학 몇 군데를 탐방했다.

처음으로 데려간 학교는 북경대학교와 청화대학교였다. 북경대학교에 가서는 아이가 아무런 감흥을 느끼지 못했다. 학교 탐방 신청을 못해서 내부에 들어가 보지 못하고 캠퍼스만 돌아봤고, 두 대학 모두 별다른 관심을 보이지 않았다.

그다음에는 서울대학교와 연세대학교, 홍익대학교를 친구들과 가보라고 했다. 홍익대학교는 아이가 미술 쪽으로 진학하고 싶어서 가보라고 했고, 서울대학교는 정식 투어를 하고, 연세대학교는 대충 돌아보다가 왔다. 하지만 딱히 여기다 싶게 관심을 보이는 대학은 없었다.

그렇게 몇 곳을 둘러보고 아이가 "엄마, 내가 선생님한테 들은 학교가 있어"라고 했다. 그곳이 바로 파슨스디자인스쿨이었다. 그래서 미국 출장을 갔을 때 아이에게 "출장 끝나는 날짜에 미국에 혼자 올 수 있어?"라고 물었다. 아이가 "응, 갈 수 있어"라고 했다.

내가 열네 시간을 혼자 오는 것을 걱정했더니 "방학 때마다 혼자서 그보다 더 오래 있기도 했는데 새삼스럽게 왜 그래?"라고 하는 게 아닌가? 평상시 외국에 데리고 다닌 보람이 느껴지고, 대견하기도 한 순간이었다.

그래도 미성년자가 혼자 입국할 수 있을지 불안하기도 해서 내가 파트너로 생각하는 실장님 딸과 함께 오라고 했다. 그리고 파슨스디자인스쿨에 메일로 견학 신청을 했다. 더불어 학교에 한인회 학생회장 인터뷰를 요청했더니 학교 투어 한 시간, 인터뷰 한 시간으로 일정을 구성해주었다.

아침에 아이들을 데리고 학교에 갔는데 그야말로 '판타스틱'이라는 감탄사가 절로 나왔다. 멋있는 테라스에서 아침 식사를 하고 자신이 먹은 것만 계산하면 되었고, 식사를 하면서도 머릿속에 뭔가가 떠오르면 주변에 설치된 컴퓨터에서 작업이 가능하며, 자신의 작품을 다 넣을 수 있을 만큼 무척 큰 사물함이 있었다. 학교 전체가 효율적으로 돌아갔고, 예술가들이 사용하는 공간인 만큼 감각적으로 디자인되었다. 대기업에서도 이렇게 구현할 수 없을 정도로 모든 시스템을 갖춰놓았다. 패턴 뜨는 데를 갔더니 교수가 한 시간 강의하면 나머지 시간은 본인이 하고 싶은 대로 그 공간에서 패턴을 뜨는 식이었다. 자기가 상상하는 모든 것을 구현할 수 있게 시설이 완벽히 갖춰져 있었다.

게다가 학교는 스물네 시간 개방한다. 졸업 작품을 만드는 사람들을 보니 몇 시간이고 계속 작품을 만들다가 기숙사에 가서 잠시 휴식을 취하고 다시 작업을 할 수 있도록 되어 있었다. 작업에 몰입할 수 있는 최적의 조건이었다. 아이보다 내가 먼저 그 학교에 입학하고 싶어졌을 정도였다.

그런 충동을 느끼면서 나오다가 "여기 교수진은 어떤 분들이세요?" 하고 물었다. 그러자 충격적인 대답이 돌아왔다. 백 퍼센트 기업의 대표들이 와서 가르친다는 것이었다. 그래서 학교에 상주하는 교수는 한 명도 없다고 했다. 그 이야기를 듣자 온몸에 전율이 일어나면서 '내 생각이 맞았구나!'라고 감탄했다.

파슨스디자인스쿨 학생들의 만족도는 아주 높다. 상주하는 교수 없이 기업가들이 와서 현장에서 필요로 하는 교육을 시켜준다. 자기가 꿈에 그리던 브랜드를 만든 당사자가 와서 학생들을 교육시키고 소통하며 이를 통해 현장감까지 익힌다. 성공한 선배 기업가를 어디서 만날 것인가? 메일을 날마다 보내도 만날까 말까 하는 롤모델이 와서 교육을 시켜주니까 완전히 산교육이다. 학교에서 배운 내용을 실전에서 바로 써먹을 수 있는 시스템이다.

생각해보라. 우리나라 대학에도 미용학과가 생기면서 미용실 하던 사람들이 교수를 하고, 유명 배우들이 대학에서 연극영화학과 학생들을 가르치고 있지 않은가? 실전 경험이 많은 사람이 학생들을 가르치는 것은 당연한 일이다.

나 역시 중앙대학교 GFMP에서 리스크 관리에 대해 강의를 하고 있다. 하지만 학벌을 기준으로 교수 임용을 했다면 내 학벌로 중앙대학교 교수가 될 수 있었을까? 하지만 내가 일하고 있는 분야에서 드러나 보이는 사람이 나밖에 없기 때문에 교수로 활동하게 된 것이다.

나는 특별한 직업을 제외하고는 대학교보다는 전문대를 더 선호한다. 실전에서 써먹을 수 있는 것을 가르쳐주기 때문이다. 이제는 자녀들에게 주입식 공부라든지 정해진 학습 방법보다는 하고 싶은 것을 가르쳐주는 곳에 가서 부대끼면서 공부하고 몰입할 수 있게 만들어줘야 한다.

아이들을 교과서 안에 가둬두지 말고 세상으로 내보내자. 그래야 앞으로 다가올 시대에 우리 자녀들이 멋진 비전을 가지고 살아갈 수 있다고 확신한다.

딸아, 너의 매력을 세상에 발산해라

　　사람들을 만나고 이야기를 나누다 보면 '이 사람 괜찮다'라고 느껴지는 사람이 있다. 외모와는 상관없이 매력적인 사람이다. 그가 있는 곳에는 늘 사람들이 몰려들며, 남들에게 부탁할 일이 있어도 손쉽게 긍정적인 대답을 얻어낸다.

　　중요한 것은 타고난 매력이 있을 수도 있지만 후천적으로 노력해서 얻어지는 매력도 많다는 것이다. 자신의 행동을 매력 있게 바꾸기 위해 노력하면 정말로 매력 있는 사람이 된다. 그러니 자녀들에게도 자신만의 매력을 발산하는 방법을 가르쳐보자.

　　매력 있는 사람들의 특징은 표정이 풍부하고 기분 좋은 웃음소리로 다른 사람들까지 기분 좋게 만들고, 상대방과 대화할 때 적절한 리액션을 해준다는 것이다. 대화 내용에 따라 목소리의 높낮이와 말의 빠르기가 달라지며, 가벼운 스킨십으로 상대에게 정감을 표현한다. 무엇보다도 중요한 것은 상대와의 대화를 진심으로 즐기며 공감하고 반응하는 풍부한 표정이다.

나 역시 사람들을 만날 때 사람들의 호감을 얻는 방법 내지 비법이 있다. 가장 중요한 것은 처음 만날 때의 눈빛이다. 내가 초롱초롱한 눈빛으로 이야기를 하면 상대는 신나서 이야기할 수 있고, 그 순간에 상대는 자신도 모르게 숨겨진 이야기까지 털어놓으면서 나에 대한 호감도가 올라간다.

사업을 하거나 면접을 볼 때도 마찬가지다. 면접을 보다보면 굉장히 능력 있고 일도 잘할 것 같은데 같이 일하고 싶지 않은 사람이 있다. 반대로 일을 잘할지 어떨지는 몰라도 함께 일하고 싶은 사람이 있다. 같이 일하는 직원이 일은 잘하는데 태도가 딱딱하거나, 거친 표현을 쓰거나, 하고 다니는 모양새가 예쁘지 않거나 하면 손님이 왔을 때나 거래처에 갈 일이 있을 때 왠지 내보내기가 그렇다. 보나마나 상대방이 우리 회사에 대해 좋지 않은 이미지를 가질 것이기 때문이다. 특히 미소가 중요한데 잘생기고 예쁜 것보다 눈이 살아 있으면 미소 자체가 산다.

때로는 비즈니스적으로 만날 때 의도적으로 상대방이 나에게 매력을 느끼게 해야 하는 상황도 있다. 상대가 내 이야기를 듣고 싶어 하고 즐거워하면 영업을 하러 가서도 결과가 좋지만 상대가 내 이야기를 들어주지 않으면 좋은 결과가 나올 리 없다. 그러니 비즈니스 관계에 있는 누군가와 인터뷰나 영업, 상담을 할 때면 '매력 발산'을 해야만 한다.

처음 만났을 때의 눈빛, 배려심, 매너 등도 그 사람의 매력을 평가하는 기준이지만 요즘 사람들은 특히 열정을 가진 사람을 좋아한다. 열정을 가진 사람을 보면 자신도 에너지를 얻기 때문이다. 경우에 따라 나도 저렇게 생각하면서 살아야지 하고 감동까지 느끼게 된다.

물론 매력은 깊은 사고와 통찰력, 학식, 학벌 등에서도 느낄 수 있지만 보자마자 저 사람이 어느 수준의 사람인지를 알 수는 없다. 게다가 깊은 학식, 통찰력 등을 갖추는 데는 오랜 시간이 필요하고 눈에 보이는 것도 아니다. 따라서 '자신만의 매력 발산법'을 연구해봐야 한다. 실제로 『매력 자본』이라는 책도 출간되지 않았던가? 누구나 자신만의 매력이 있다. 영화에 단골로 등장하는 재미있는 조연들처럼 자신의 매력을 찾아서 상대의 성향에 따라 매력을 발산할 필요가 있다.

나는 때로는 깍듯하게 대해야 할 상대에게 깍듯하지 않게 대하기도 한다. 그것이 일종의 매력 발산이라고 생각하기 때문이다. 나는 가끔 대표님들에게 그런 매력을 발산하는데 그들은 항상 자신에게 구부리고 부탁하는 사람들 사이에 둘러싸여 있기 때문이다.

예컨대 커피를 가져다주면 대표님들은 자신의 신용카드를 내려고 하신다. 그때 "대표님 커피는 제가 사드리고 싶습니다. 앉아 계세요!"라고 한다. 그러면 대부분 좋아하신다. 사회적 위치 때문에 항상 지불하는 데 익숙한 대표님들도 때론 누군가에게 커피 한 잔 정도는 대접받고 싶기 때문이 아닐까 싶다.

매력이라는 게 대단한 것이 아니다. 순간순간 상대에게 기분 좋은 센스를 순발력 있게 발휘하는 것도 매력이다. 그렇게 인간적인 부분을 맞춘 미팅은 좀 더 편하게 이야기가 시작되고 좋은 이미지를 남길 수 있다. 그럼 그 미팅은 성공이다. 커피 값이나 식사 값이 얼마나 되겠는가? 대표들도 사람이기 때문에 그 별것도 아닌 것에 감동하는 경우가 많다.

또 직원들에게 대표님들에 대한 장단점을 이야기해줘서 귀에 들어가게 하는 것, 다른 사람들에게 내가 한 자기 칭찬을 듣게끔 하는 것도 일종의 매력 발산이다. 그 말을 전해 듣는 순간 나에 대한 호감도가 올라갈 것이기 때문이다.

이처럼 타인의 말에 공감하며 항상 밝은 표정으로 대하고, 내가 대우받고 싶고 칭찬받고 싶은 만큼 타인에게 먼저 베푸는 것이 좋다. 그러면 반드시 그 이상의 것이 내게 돌아오며 그런 과정 속에서 누구보다 행복한 생활을 할 수 있다. 이것이 인간 플랫폼이 되기 위한 첫 걸음이다.

인간과 지식, 교육을 아우르는
전방위적 플랫폼 전문가

많이 가진 자가 많이 나눌 수 있는 것은 아니다. 평소에도 기회가 되는 대로 나눔을 실천하고자 하는 사람만이 많이 나눌 수 있다.

나는 현재 작은 사업을 키워가며 계속적인 투자를 하고 있다. 그래서 비록 여유롭지는 못해도 내가 할 수 있는 한 사람들과 항상 나누려고 한다. 나는 경험을 나누고, 좋은 사람들을 공유하고, 사업 구조상의 리스크에 대한 조언을 해주고, 사람들 속에서 어떤 일이든 매칭하며 살아가는 것을 제일 잘하고 제일 좋아한다.

사람들 마음 한편에는 기본적으로 베푸는 것보다 무엇이든 받고 싶어 하는 마음이 존재한다. 이 사실을 알기에 내가 먼저 더 많은 것을 주려고 노력하고 있다. 성격상 받는 것보다 주는 것이 마음 편하기도 하다. 언제나 먼저 친절을 베풀어서 오해를 사기도 했다. 물론 시간이 지나면서 자연히 오해는 풀리고 좋은 관계가 형성되어 다행이라고 생각한다.

사람들에게 항상 주기만 하고 받지는 못하면서 상처받고 위축된 시간들도 있었다. 하지만 그때의 상처가 지금의 나를 단단하게 해주었고, 주변 사람들의 관심과 배려 덕분에 이만큼 성장할 수 있었다는 사실 또한 알았다. 당시에는 손해 보는 것 같고 억울한 느낌이 들어도 결국 큰 그림에서 보면 그렇게 배우고 성장하면서 내 것이 만들어진다는 사실을 최근 들어 더욱 절실히 느끼고 있다.

좋은 것이 있으면 베풀고 공유하는 작은 습관 덕분에 내 주변에 좋은 사람들이 늘어나면서 내 삶은 갈수록 더욱 즐겁고 행복해지고 있다. 또한 내가 지켜본 진정으로 성공한 사람들은 주위 사람들이 잘되길 바라며 타인에 대한 배려와 존중이 몸에 익어 있었다. 소외된 사람을 돕고 봉사하면서 더욱 의미 있는 삶을 사는 방법을 찾아서 실천하고 있었다.

이제는 내가 가진 지식을 공유하고 내 눈에 보이는 문제들을 조언하며 많은 사람들이 '좋은 삶'을 경험할 수 있도록 코칭을 할 생각이다. 나는 기업가들과 해외연수를 다니면서 그들의 생각과 시각, 자기 관리 노하우를 보고 들으면서 많이 성장했다. 그들은 좋은 것을 보면 바로 실행에 옮겼고, 실행하면서 철저한 분석을 했고, 일이 될 때까지 해내는 근성이 있었다. 또한 끊임없이 새로운 것을 찾고 현재에 적용하면서 순간순간을 즐길 줄 알았다. 나는 그들에게 배운 것들을 자기 사업을 하려는 열정적인 후배 사업가들에게 공유해주고 싶다.

앞으로 지금까지 각국의 비즈니스 현장에 다녀온 경험을 총망라해서 비즈니스를 읽어내고 분석하고 도입하는 프로그램을 만들 계획이다. 업종별로 서로의 의견을 나누고 그 자리에서 전문적인 코칭도 받을 수 있는 현장 수업이 대표적인 예다. 현장 수업은 브랜드 리뉴얼 전문가, 글로벌 기업가 등과 함께 실제로 적용 가능한 답을 찾아가는 여정이 될 것이다. 이 여정이 가르치는 사람과 배우는 사람 모두에게 좋은 사람을 만나고 멋진 비즈니스를 만드는 기회를 제공할 것으로 믿는다.

감 사 의 말

　원고를 마무리하면서 열아홉 살에 사회생활을 시작한 어린 배명숙이 떠올랐다.

　아무것도 모른 상태로 들어갔던 첫 직장에서 실수투성이인 저를 따뜻한 시선으로 바라보고 응원해주신 저의 첫 상사이자 사회생활의 보호자 같았던 PSI컨설팅의 한성희 이사님, 아무 생각 없는 제게 공부의 의미를 알려주신 우형록 박사님과 이종우 원장님이 함께해주셨기에 삼 년간 사회 경험을 쌓고 유학자금을 마련해 첫 번째 도전을 할 수 있었습니다.

　스물여덟에 첫 사업을 시작했을 때 무지한 제게 전문 지식을 알려주시고 사업 가이드 역할을 해주셨던 쪽지닷컴 조형민 대표님과 베테랑칼국수 김은성 대표님에게도 그동안 표현하지 못했던 감사의 마음을 전합니다. 무식하면 용감하다고 무한 긍정으로 시작한 사업이 망하지 않고 매각하는 시점까지 갈 수 있었던 것은 두 분의 숨은 공 덕분임을 잊지 않고 있습니다.

　서른다섯에 관계의 권태기에 빠져 모든 것을 정리하고 싶었을 때 로비스트의 기질을 살려 사업을 재편성할 것을 조언해주시고 가족처럼 대해주신 스노우폭스 김승호 회장님과 보험설계사에서 비즈니스 요리사로 새로 태어날 수 있도록 머니쉐프라는 브랜드명을 지어주신 박재현 대표님이 계셨기에 비지니스 플랫폼을 확장하여 지금의 제 모습을 완성할 수 있었습니다. 앞으로 더욱 멋진 모습을 보여드리면서 최고 수재자로서의 역할을 다하겠습니다.

머니쉐프 초반에 사업을 세팅할 때 아무 조건 없이 무상 자문해주신 공장화재보험의 달인 박호진 대표님과 같은 목표를 향해 함께 뛰고 있는 머니쉐프 박선영 실장님이 함께해주셨기에 머니쉐프가 존재할 수 있었습니다. 이 점에 항상 감사드립니다.

이론 없이 경험만으로 쓴 책을 휴스턴에서 돌아오는 비행기 안에서 하나하나 검토해주신 『좋아 보이는 것들의 비밀』 저자 이랑주 박사님과 이 책에 생명력을 불어넣어주신 지식생태학자 유영만 교수님께 무한 충성을 맹세합니다. 앞으로도 지속적으로 책을 출간할 수 있도록 지도 부탁드립니다.

끝으로 집 밖으로 나가 사회생활을 할 수 있게 훈련시켜주신 시부모님 감사합니다. 이십 년째 한결같이 존중과 배려로 내가 하고 싶은 일은 전부 할 수 있도록 응원해준 영원한 '내 편' 이정택님께도 감사드립니다. 당신이 있어 인간 배명숙이 존재합니다. 엄마, 사랑합니다! 그리고 내 인생의 야심작 우미야, 너의 꿈을 무한으로 펼쳐라! 사랑한다.

매 순간 저를 응원해주시고 좋은 메시지와 에너지를 보내주신 모든 분들께 진심으로 감사드립니다.

인간 플랫폼의 시대

초판 1쇄 인쇄 2016년 11월 18일
초판 2쇄 발행 2018년 3월 6일

지 은 이   배명숙
펴 낸 이   김승호
기   획   서진
책임편집   이가영
편   집   민기범 이미순 최지선 정세린
마 케 팅   조윤규 김정현 김천윤
디 자 인   이창욱

주   소   경기도 파주시 문발로 165 3F
대표번호   031-927-9965
팩   스   070-7589-0721
전자우편   edit@sfbooks.co.kr

펴 낸 곳   스노우폭스북스
출판신고   2015년 8월 7일 제406-2015-000159

ISBN 979-11-959363-0-4 (03320)
값 14,000원